Neale Donald Walsch
Gottes Botschaft an die Welt

NEALE DONALD WALSCH

GOTTES BOTSCHAFT AN DIE WELT

Ihr habt mich nicht verstanden!

Aus dem Amerikanischen übersetzt von
Thomas Görden

Allegria

Die Originalausgabe erschien 2014 unter dem Titel
GOD'S MESSAGE TO THE WORLD
im Verlag Rainbow Ridge Books, Faber, VA, USA

Allegria ist ein Verlag der Ullstein Buchverlage GmbH

ISBN 978-3-7934-2294-5

© der deutschen Ausgabe 2015 by Ullstein Buchverlage GmbH, Berlin
© der Originalausgabe 2014 by Neale Donald Walsch,
published by Arrangement with WATERSIDE
PRODUCTIONS INC., Cardiff-by-the-Sea, CA, USA
Übersetzung: Thomas Görden
Lektorat: Marita Böhm
Umschlaggestaltung: Frankl Design, München,
nach einer Vorlage von Frame25 Productions
Abbildung Weltkugel: © Nadalina, Fotolia
Satz: Keller & Keller GbR
Gesetzt aus der Minion
Druck und Bindearbeiten: CPI books GmbH, Leck
Printed in Germany

Gewidmet jedem ernsthaft Suchenden

Inhalt

Die Grundlage für so vieles	9
Sind Sie bereit für das große *Was wäre, wenn?*	15
Was Menschen einfach nicht tun wollen	21
Die meisten Menschen sind sich einig: Gott spricht zu uns	25
Unsere gut gemeinten Fehler	31
Geben wir es ruhig zu: Wir haben uns auch früher schon geirrt	37

1. These   47
Man muss Gott fürchten

2. These   63
Vielleicht gibt es Gott gar nicht

3. These   71
Gott existiert und ist ein übermenschliches männliches Wesen

4. These   79
Gott verlangt Gehorsam

5. These   91
Gott findet uns unvollkommen, aber unvollkommen dürfen wir nicht zu ihm zurückkehren

6. These 107
*Gott verlangt von uns, an ihn zu glauben und
ihn auf eine bestimmte Art anzubeten*

7. These 115
*Gott ist rachsüchtig, und Gottes Liebe kann
sich in Zorn verwandeln*

8. These 125
*Gott führte Krieg gegen den Teufel, und so hat
das hier alles angefangen*

9. These 143
Gott legt fest, was richtig und was falsch ist

10. These 153
*Wir kommen nur in den Himmel,
wenn Gott uns vergibt*

11. These 163
Gott hat etwas Bestimmtes mit uns vor

12. These 175
Gott ist auf unserer Seite

13. These 183
*Gott liebt Selbstaufopferung, langes (vorzugsweise
stumm ertragenes) Leiden und Märtyrertum*

14. These 195
*Manchmal erhört Gott unsere Gebete und
manchmal nicht*

15. These *Am Jüngsten Tag wird Gott uns belohnen oder bestrafen*	207
16. These *Gott möchte, dass wir in den Himmel zurückkehren*	213
17. These *Gott existiert getrennt von uns*	227
Da ist noch etwas	241
Und noch zwei Dinge müssen angesprochen werden	249
Der Augenblick der Entscheidung ist da	253
Zu guter Letzt: Eine einfache Erklärung für alles	263
Ist das hier wirklich eine Botschaft Gottes?	273
Anmerkungen	287
Weiterführende Literatur	291
Über den Autor	293

Die Grundlage für so vieles

Es ist keine Kleinigkeit, ein falsches Bild von Gott zu haben. Und wenn alle Leute auf diesem Planeten ein falsches Bild von Gott haben, ist das nun *wirklich* keine Kleinigkeit! Wenn fast alle auf diesem Planeten irreführende Vorstellungen von Gott haben, dann wird fast alles, was die Leute auf diesem Planeten tun, nicht so funktionieren, wie es eigentlich beabsichtigt war. Das liegt daran, dass die Grundlage für ihr Tun in hohem Maße von ihrem Gottesbild bestimmt wird.

Da sind Sie anderer Meinung?

Denken Sie noch einmal darüber nach.

Fast alle modernen Gesetze der Zivilisation entstammen den frühen Regeln und Gesetzen einer Glaubenstradition. Fast alle Moralvorstellungen der Menschheit sind religiösen Ursprungs. Fast alle politischen Bewegungen und ökonomischen Theorien beruhen auf Ideen von Gerechtigkeit, von richtig und falsch, die ursprünglich von religiösen Lehrern vertreten wurden.

Selbst jene, die nicht an Gott glauben, sind beeinflusst von den grundlegenden Prinzipien, die in unsere Zivilisation von Menschen eingeführt wurden, die an ihn glaubten.

Und eine erstaunliche Anzahl persönlicher Entscheidungen, die von Milliarden Menschen auf dem Globus getroffen werden, beruhen auf dem, was diese Menschen über den Sinn des Lebens und über das glauben, was nach diesem Leben geschieht, und auf dem, was sie über Gott und Gottes Willen glauben. Es ist also keine Kleinigkeit, ein falsches Bild von Gott zu haben.

∼

These: Kein einziges der Systeme, die wir geschaffen haben, um das Leben auf diesem Planeten besser zu machen, funktioniert.
Warten Sie. Es kommt noch schlimmer.
Die von uns geschaffenen Systeme haben nicht nur nicht die beabsichtigten Resultate hervorgebracht – sie erzeugen *das genaue Gegenteil.*
Auf diesen Punkt habe ich schon in früheren Büchern hingewiesen. Ich glaube, es ist notwendig, ihn mit Nachdruck zu wiederholen.
Unsere politischen Systeme *verstärken* Zwietracht und Verwirrung. Unsere ökonomischen Systeme *verschlimmern* die Armut und die Kluft zwischen Reichen und Armen. Unsere ökologischen Systeme *verschlechtern* den Zustand unserer Umwelt.
Unser Gesundheitssystem *erschwert* den freien Zugang zu guter medizinischer Versorgung. Unser Bildungssystem *erschwert* den freien Zugang zu guter, sinnvoller Bildung. Insgesamt *verstärken* unsere gesellschaftlichen Strukturen Ungleichheit, Unfrieden und Ungerechtigkeit.
Und, das ist vielleicht das Traurigste, unsere spirituellen Systeme *fördern* Selbstgerechtigkeit, Intoleranz, Wut, Hass, Gewalt und Krieg.

Die Grundlage für so vieles

Wenn die Verbesserung des menschlichen Lebens auf der Erde ein Laborexperiment wäre, hätte man es schon längst als jämmerlichen Fehlschlag eingestuft.

Als ein fürchterliches Desaster.

~

Nicht jeder würde dem zustimmen. Manche sind der Ansicht, dass die Menschheit sich allmählich höher und höher entwickelt, was ihre Fähigkeiten und Errungenschaften betrifft, sodass die Lebensqualität für alle Angehörigen unserer Spezies besser und besser wird.

Jene, die diese Ansicht vertreten, gehören vermutlich nicht zu den 842 Millionen Menschen (einem Achtel der Weltbevölkerung), die nicht genug zu essen haben. Gewiss gehören sie nicht zu den Eltern der über 650 Kinder, die stündlich verhungern.

Vermutlich gehören sie nicht zu den 20,9 Millionen Frauen und Kindern, die jährlich als kommerzielle Sexsklaven verkauft werden.

Und vermutlich finden sie sich auch nicht unter den über drei Milliarden Menschen, die mit weniger als 2,50 Euro am Tag auskommen müssen, oder den Milliarden, die keinen Zugang zu medizinischer Versorgung haben. (Etwa 19.000 Kinder sterben jährlich an vermeidbaren und behandelbaren Krankheiten wie Malaria, Durchfall oder Lungenentzündung.)

Man wird sie vermutlich auch nicht unter den 1,7 Milliarden Menschen finden, die keinen Zugang zu sauberem Trinkwasser haben, den 2,6 Milliarden ohne grundlegende sanitäre Einrichtungen oder den 1,6 Milliarden Menschen – einem Viertel der Menschheit –, die ohne Elektrizität leben müssen.

Genau so ist es! Im ersten Viertel des einundzwanzigsten Jahrhunderts *leben 2,6 Milliarden Menschen ohne Toiletten und 1,6 Milliarden ohne Elektrizität.*

Wie ist das möglich?, fragen Sie nun vielleicht. Und das ist eine sehr gute Frage.

Wenn man bedenkt, dass sich die Menschheit für eine »zivilisierte« Spezies hält, ist es eine besonders gute Frage. Für die Menschen, die unter den oben beschriebenen Bedingungen leben müssen, haben die »Segnungen der Zivilisation« überhaupt noch nicht begonnen.

Einen Planeten, auf dem 5 Prozent der Bevölkerung 95 Prozent des Reichtums und der Ressourcen besitzt oder kontrolliert – und die meisten dieser 5 Prozent das vollkommen okay finden, obwohl eine unfassbar große Zahl ihrer Artgenossen in Mangel und Elend lebt –, kann man ganz sicher nicht als Planeten mit einer besonders fortschrittlichen Zivilisation betrachten.

Das alles ist nur aufgrund der kollektiven Werte jener möglich, die etwas daran ändern könnten. Und woher kommen diese Werte? Ich behaupte, sie entstammen zum großen Teil den wohlmeinenden, aber irrigen Ansichten über Gott, die von vielen Menschen vertreten werden – einschließlich jenen, die überhaupt nicht an Gott glauben.

Macht sich irgendjemand Gedanken darüber, dass unsere Spezies derartig versagt hat – oder warum?

Ist jemand der Ansicht, dass sie *nicht* versagt hat?

Möchte irgendjemand wissen, wie sich diese Situation zum Guten wenden lässt?

Möchte jemand wissen, wie sich sein persönliches Leben zum Besseren verändern lässt, indem sich er oder sie für eine einzige Idee öffnet?

Was ist mit Ihnen? Möchten *Sie* es wissen?

Sind Sie bereit für das große *Was wäre, wenn?*

Falls Sie dachten, dies wäre ein Buch von der Sorte, die man einfach schnell mal eben durchliest und dann vergisst, irren Sie sich. Wenn Sie es andererseits spannend finden, sich auf eine faszinierende, oft kontroverse intellektuelle und spirituelle Herausforderung einzulassen, dann sind Sie hier genau richtig!

Mehr als das: Dieses Buch könnte eines der wichtigsten sein, die Sie je gelesen haben. Und für die Welt soll es genau das sein: eines der wichtigsten Bücher überhaupt. Wenn sich das anmaßend anhört, bitte ich um Entschuldigung. Aber es ist Zeit für kühne Aussagen. Gott weiß, dass es Zeit ist.

Wahr oder nicht, diese Thesen fassen zusammen, was die überwiegende Mehrheit der Menschen in unserer Welt, die an Gott glauben, *über* Gott glaubt.

In diesem Buch werden weit verbreitete Ansichten über Gott infrage gestellt, und wir werden das große *Was wäre, wenn?* erforschen.

Was wäre, wenn wenigstens die Hälfte dieser Thesen über Gott unwahr ist? Was, wenn ein Drittel davon unwahr ist? Was, wenn sich auch nur *eine* einzige als falsch erweist?

In diesem Buch werden siebzehn Thesen über Gott untersucht. Hier sind sie:

17 Thesen über Gott

1. Man muss Gott fürchten.
2. Vielleicht gibt es Gott gar nicht.
3. Gott existiert und ist ein übermenschliches männliches Wesen.
4. Gott verlangt Gehorsam.
5. Gott findet uns unvollkommen, aber unvollkommen dürfen wir nicht zu ihm zurückkehren.
6. Gott verlangt von uns, an ihn zu glauben und ihn auf eine bestimmte Art anzubeten.
7. Gott ist rachsüchtig, und Gottes Liebe kann sich in Zorn verwandeln.
8. Gott führte Krieg gegen den Teufel, und so hat das hier alles angefangen.
9. Gott legt fest, was richtig und was falsch ist.
10. Wir kommen nur in den Himmel, wenn Gott uns vergibt.
11. Gott hat etwas Bestimmtes mit uns vor.
12. Gott ist auf unserer Seite.
13. Gott liebt Selbstaufopferung, langes (vorzugsweise stumm ertragenes) Leiden und Märtyrertum.
14. Manchmal erhört Gott unsere Gebete und manchmal nicht.
15. Am Jüngsten Tag wird Gott uns belohnen oder bestrafen.
16. Gott möchte, dass wir in den Himmel zurückkehren.
17. Gott existiert getrennt von uns.

Nicht eine dieser Thesen ist wahr.

Tatsächlich ist es so: Wenn auch nur eine dieser siebzehn Thesen über Gott falsch ist, dann fällt die ganze Liste in sich zusammen. Das Dogma der Welt über die Gottheit fällt in sich zusammen. Denn alle diese Annahmen hängen voneinander ab, und nur wenn alle wahr wären, ließe sich das Dogma aufrechterhalten.

Doch der Zweck dieses Buches ist es nicht, den Menschen ihren Glauben an Gott zu nehmen, ganz im Gegenteil. Der Zweck dieses Buches besteht darin, diesen Glauben neu zu erschaffen, ihn größer und besser zu machen als je zuvor – indem ein Gott offenbart wird, der größer und besser ist, als es sich die meisten Menschen je vorgestellt haben.

Da überrascht es nicht, dass manches, was Sie hier lesen werden, Sie an den Rand Ihrer Wohlfühlzone bringen wird. Vielleicht werden Sie es unglaublich finden.

Wäre es leicht, das, was Sie hier lesen werden, sofort und uneingeschränkt zu glauben, *würden es die Leute bereits* glauben. Die meisten glauben es aber nicht, und das hat einen traurigen Grund: Es scheint ihnen zu schön, um wahr sein zu können.

Doch wenn nicht einmal das, was wir über Gott glauben, unglaublich schön sein kann, *was dann?*

Zwar verstehe ich, wenn Sie es ein bisschen beunruhigend finden, sich auf eine Erforschung Gottes einzulassen, die sich außerhalb der für Sie gewohnten Grenzen bewegt. Doch soll es keine unangenehme oder beunruhigende Erfahrung werden, unser Bild von Gott zu untersuchen.

Auch soll diese Erfahrung keine Wut auslösen. Selbst wenn dieses Buch nichts weiter bewirkt, als Ihre gegenwärtigen

Ansichten über Gott zu bestätigen, hat es seinen Zweck erfüllt. Das verstehen Sie doch, oder? Die Absicht dieses Buches besteht darin, Sie auf Ihre innerste Wahrheit hinzuweisen – und Sie einzuladen, diese Wahrheit auf tiefere Weise zu leben.

Das Buch lädt Sie dazu ein, Fragen zu stellen. Es eröffnet die Diskussion. Es will Sie dazu anregen, sich näher mit Ihrem Glauben zu befassen. In dieser Hinsicht kann es nicht versagen – es sei denn, Sie sind nicht gewillt, von ihm Gebrauch zu machen und sich aus tiefem Verlangen und mit ganzem Herzen auf eine Reise zu begeben, die, wie gesagt, zur wichtigsten persönlichen Erkundung Ihres Lebens werden könnte.

~

Gott *lädt Sie ein*, Fragen zu stellen. Gott *lädt Sie ein*, sich zu wundern. Gott *lädt Sie ein*, Ihre eigenen Schlüsse zu ziehen und nicht blind die Schlüsse anderer Leute zu akzeptieren. Das ist Mut, keine Blasphemie. Und, soweit ich gehört habe, wird Mut von Gott nicht bestraft.

Alarmieren sollte es uns hingegen stets, wenn unsere Sicht der Dinge als selbstverständlich gilt und *nicht* hinterfragt wird! Das kann noch weit Schlimmeres anrichten, als nur unsere persönliche und spirituelle Entwicklung zum Stillstand zu bringen. Wenn sich Millionen von uns entscheiden würden, im Status quo zu verharren – wenn sich Millionen von uns einfach weigern würden, sich mit Ideen und Ansichten über Gott auseinanderzusetzen, die von den gewohnten abweichen, dann wäre das nicht gut für unsere Spezies.

Sind Sie bereit für das große *Was wäre, wenn*?

Millionen von uns *haben* sich entschieden, im Status quo zu verharren.

Und das *ist* nicht gut für unsere Spezies!

Tatsächlich ist es einer der Hauptgründe dafür, warum auf unserem Planeten so schreckliche Zustände herrschen und warum so viele Menschen unglücklich sind – auch viele der Leute, denen es scheinbar »gut geht«.

Wenn selbst solche Menschen unglücklich sind, von denen man meinen sollte, dass sie *allen Grund hätten, glücklich zu sein*, scheint offentsichtlich etwas Wesentliches nicht zu stimmen. Und es muss sich um ein *systembedingtes* Problem handeln, sonst wäre nicht eine so riesige Zahl von Menschen so häufig unglücklich.

Das sollte nicht sein. Das ergibt keinen Sinn. Auf einem Planeten, der so gesegnet ist wie unserer, mit einer Spezies, die so intelligent, innovativ und erfindungsreich ist, dürfte das einfach nicht passieren! Irgendetwas stimmt da nicht.

Also stelle ich an diesem Punkt eine Frage, über die wir alle nachdenken sollten:

Gibt es etwas über Gott,
das wir noch nicht richtig verstehen,
das jedoch alles verändern würde,
wenn wir es verstehen?

Was Menschen
einfach nicht tun wollen

Die Frage am Ende des vorigen Kapitels ist die erste einer Reihe von herausfordernden Fragen, die Sie hier in diesem Buch finden werden. Und diese erste Frage ist die, der sich die Menschheit am wenigsten stellen mag.

Offenbar sind wir nicht bereit – oder einfach *unfähig* –, in Erwägung zu ziehen, dass wir uns in Bezug auf Gott auch nur im Geringsten irren könnten.

Ich lade Sie jetzt ein, etwas zu erkennen.

Nicht etwas Kleines. Etwas *Großes*.

Erkennen Sie, dass die Menschheit in einem einzigen wesentlichen Lebensbereich nicht willens ist, etwas zu tun, was sie in allen anderen Bereichen der irdischen Erfahrung bereitwillig tut.

Sie hat es in der Wissenschaft getan – sehr gerne, und das hat zu außerordentlichen Errungenschaften und Entdeckungen geführt.

Sie hat es in der Medizin getan – sehr gerne, und das hat zu erstaunlichen Wundern geführt.

Sie hat es in der Technologie getan – sehr gerne, und das hat uns zu einem atemberaubenden technischen Fortschritt verholfen.

Doch auf dem Gebiet der Religion hat sie es nicht getan – vor allem, was das Gottesbild angeht.

Weil die Menschheit es in all diesen anderen Bereichen

getan hat, gelang unserer Spezies einige wunderbare Fortschritte, die unsere Möglichkeiten erweiterten und unsere Lebensfreude steigerten. Doch dieser Fortschritt kommt bislang nur einem sehr kleinen Prozentsatz unserer Weltbevölkerung zugute (von denen, wie schon gesagt, Milliarden bis zum heutigen Tag nicht über die einfache Annehmlichkeit einer Stromversorgung und die einfache Würde einer Toilette verfügen). Dass nur so wenige Menschen vom Fortschritt profitieren, liegt daran, dass die Menschheit auf dem wichtigsten Gebiet menschlicher Erfahrung diese eine Sache *nicht* tut.

Und was ist es nun, was wir uns störrisch weigern, auf diesem einen entscheidenden Gebiet zu tun, während wir es in allen anderen Bereichen menschlichen Strebens überaus gerne tun?

Die Grundannahmen hinterfragen.

~

Sobald wir in der Wissenschaft eine Entdeckung machen, wird sie in jeder Hinsicht abgeklopft und hinterfragt. Wird in der Medizin ein neues Behandlungsverfahren entdeckt, hinterfragen wir alle Annahmen, auf denen es beruht. Wird eine neue, faszinierende technische Apparatur erfunden, hinterfragen wir ihren Nutzen, testen sie auf Herz und Nieren und überprüfen kritisch, ob sie auch wirklich hält, was sie verspricht.

Auf all diesen Gebieten *hinterfragen und überprüfen wir immer wieder die Grundannahmen*, auf denen unsere Schlüsse und Urteile beruhen.

Doch im Bereich der Religion tun wir das nicht. Ja, wir tun sogar das genaue Gegenteil. Wir sagen, es wäre Blasphemie, Abfall vom rechten Glauben, Ketzerei, die Grundannahmen zu hinterfragen. Und so handeln im einundzwanzigsten Jahrhundert die meisten von uns noch immer auf der Grundlage von Ideen, Glaubenssätzen und Ansichten über Gott, die aus dem ersten Jahrhundert stammen – oder noch älter sind.

Verhielte man sich in der Medizin ebenso, würden Operationen heute noch immer mit einem scharfen Stein durchgeführt!

Die meisten Menschen sind sich einig: Gott spricht zu uns

Zunächst sollten Sie erfahren, womit alles überhaupt angefangen hat.

Ich bin der Autor der Buchreihe *Gespräche mit Gott*. In diesen Dialogen empfing ich die Informationen, die ich hier mit Ihnen teilen werde.

Nun werden Sie meinen Glauben, tatsächlich mit Gott gesprochen zu haben, vermutlich etwas befremdlich finden – gelinde gesagt. *Doch kaum jemand, der an Gott glaubt, findet etwas dabei, dass Gott in der Vergangenheit unmittelbar zu menschlichen Individuen gesprochen hat.*

Darüber herrscht weitgehende Einigkeit. Die Anhänger nahezu aller größeren Religionen beharren darauf, dass die Doktrinen ihrer Religion auf den Lehren einer Person beruhen, von der man glaubt, sie hätte unmittelbar mit dem Göttlichen kommuniziert.

In diesem Punkt stimme ich ihnen zu.

Ich glaube, dass Gott Laotse inspirierte, dass er Buddha veranlasste, das Leben auf größere Weise zu hinterfragen, unmittelbar zu Mose sprach, Göttlichkeit durch Jesus offenbarte, Mohammed große Geheimnisse des Lebens erklärte, Baha'ullah tiefe Wahrheiten zuflüsterte, durch einen Engel mit Joseph Smith kommunizierte und dass er noch zu einer langen Liste hier unerwähnter Personen gesprochen hat.

Und keinesfalls ist diese Liste auf Männer beschränkt.

Die traditionelle Betrachtung der Menschheitsgeschichte aus männlicher Perspektive hat bewirkt, dass den Worten dieser und anderer sogenannter heiliger Männer die meiste Aufmerksamkeit geschenkt wurde, doch auch viele Frauen haben die Stimme Gottes gehört und der Menschheit göttliche Offenbarungen mitgeteilt.

Dazu zählen die heilige Elisabeth, die Gottesmutter Maria, Melania die Ältere, Hildegard von Bingen, Teresa von Ávila und Jeanne D'Arc. Und in jüngerer Zeit H. P. Blavatsky, Annie Besant, Mutter Teresa, Mata Amritanandamayi und Mutter Meera. Und auch hier gilt, dass Gott noch mit viel mehr Frauen kommuniziert hat, die hier nicht erwähnt wurden.

Nun will ich mich nicht mit den hier genannten Menschen auf eine Stufe stellen. Nicht im Hinblick auf den Einfluss, den sie auf die Menschheitsfamilie hatten und immer noch haben – und ganz sicher nicht im Hinblick auf ihre persönliche spirituelle Entwicklung. Aber ich bin sehr wohl der Auffassung, es wie die oben genannten Personen – und wie jeder Mensch, der je gelebt hat, lebt und leben wird – wert zu sein, dass Gott zu mir spricht.

Ich gehe noch weiter. Ich weiß, dass Gott *zu uns allen* spricht. Jede Minute, jede Stunde, jeden Tag.

Nur nennen wir Gottes Mitteilungen anders: Glück ... Zufall ... weibliche Intuition ... Inspiration ... eine plötzliche Erkenntnis ... ein genialer Geistesblitz ... die Vorsehung ... was immer uns akzeptabel erscheint, ohne ins Lächerliche gezogen oder als unglaubwürdig abqualifiziert zu werden.

Wenn jemand sagt, Gott habe *gestern* zu ihm gesprochen, erntet er Ablehnung und Unglauben, weil wir uns darauf geeinigt haben, dass Gott nur »in ferner Vergangenheit« zu den Menschen sprach. Wir sind nicht offen für die Möglichkeit, dass Gott auch *in der heutigen Zeit* mit den Menschen kommunizieren könnte.

Hat Gott auf dem Berg direkt mit Mose gesprochen? Das gilt als sicher. Hat Gott vor zweihundert Jahren Baha'ullah die Natur des Göttlichen und die wahre Beziehung der Menschheit zu Gott offenbart? Millionen Menschen zweifeln nicht daran. Hat Gott vor vierundzwanzig Stunden mit jemandem in Tuscaloosa, Alabama, oder in Hamburg, Deutschland, gesprochen? Nein. *Die überwiegende Mehrheit der Menschen würde darauf mit Nein antworten.*

Warum? Weil sich die meisten Menschen bis heute über die wahre Natur Gottes im Unklaren sind, über die wahre Beziehung zwischen Gott und den Menschen, die wahre Bestimmung allen Lebens und über die wahre Identität, Mission und Intention der Seele.

Doch damit ist nun Schluss. Denn in diesem Buch werden diese Dinge klar und unmissverständlich erklärt.

~

Der Text, den Sie in Händen halten, ist eine Fortsetzung meiner *Gespräche mit Gott*. Auch wenn der Inhalt hier nicht in Dialogform präsentiert wird, ist er doch von der Göttlichen Quelle in der gleichen Weise inspiriert wie diese früheren Bücher und bezieht sich auf sie.

Wenn Sie eines oder mehrere der *GmG*-Bücher gelesen haben, wird Ihnen das, was Sie hier lesen werden, sehr vertraut klingen. Konzept und Inhalt sind vertraut, aber die einfache, direkte Art der Präsentation unterscheidet sich von den früheren Texten.

Und ich wette, Sie werden das vollkommen okay finden. Warum? Aus zwei Gründen.

Erstens wissen Sie, dass die Menschen seit Jahrtausenden immer wieder die gleiche uralte überlieferte Geschichte zu hören bekommen – und genau aus diesem Grund beharrlich an ihr festhalten. Diese kulturelle Geschichte ist ihnen *vertraut* und erscheint deshalb *angenehm*. Die Lage, in die sie unsere ganze Spezies gebracht hat, ist aber äußerst *unangenehm*. Also verstehen Sie sicherlich, dass eine neue, andere kulturelle Geschichte zunächst ebenfalls durch dieses *Werkzeug der Wiederholung* vertraut und angenehm gemacht werden muss, um als nächste Stufe der menschlichen Evolution allgemein anerkannt und akzeptiert zu werden.

Zweitens geht die gründliche und umfassende Erforschung der wichtigsten Elemente der neuen kulturellen Geschichte, die hier präsentiert wird, weit über ein bloßes Zitieren der früheren Texte hinaus. Vielmehr wird rasiermesserscharf das Augenmerk auf eine einzige machtvolle Botschaft gelenkt – eine Botschaft, die das Fundament, auf dem unsere globale Zivilisation ihre gegenwärtigen dysfunktionalen Strukturen errichtet hat, zutiefst erschüttert, verändert, korrigiert und umbaut.

Und wie lautet diese machtvolle zentrale Botschaft?
Wir haben Gott missverstanden.

∽

Vielleicht gehören Sie ja zu denen, die noch keines der *Gespräche mit Gott*-Bücher gelesen, aber von ihnen gehört haben und sich fragen, wieso sie so viel Aufmerksamkeit erregten. (Sieben der neun Titel standen auf der Bestsellerliste der *New York Times*, erreichten Millionenauflagen und wurden in siebenunddreißig Sprachen übersetzt.)

Wenn Sie zu dieser Gruppe gehören, werden Sie feststellen, dass in diesem Text die erstaunlichen Botschaften aus den *GmG*-Büchern, die das Leben unzähliger Menschen auf der ganzen Welt auf wunderbar positive und zutiefst heilsame Weise verändert haben, kristallklar erläutert werden.

Und dann gibt es noch eine dritte und vermutlich größte Gruppe, nämlich jene, die die *GmG*-Bücher nie gelesen und noch nie von ihnen gehört haben. Wenn Sie zu dieser Gruppe gehören, erwartet Sie auf den folgenden Seiten eine forsche, frische, provokative – und vor allem *dringend notwendige* – Betrachtung eines zentralen Aspekts der menschlichen Erfahrung: eine spirituelle Expedition, die Ihnen bemerkenswerte neue Perspektiven für Ihr persönliches Leben eröffnen kann ... und der ganzen Welt.

Unsere gut gemeinten Fehler

Es war nicht unsere Absicht, mit unserer alten überlieferten Geschichte Schaden anzurichten. Das genaue Gegenteil trifft zu. Wir hofften, dass die Menschheit durch sie erleuchtet werden würde. Wir taten unser Bestes. Doch ist es so, wie die wundervolle Maya Angelou sagte: »Wenn wir es besser wissen, machen wir es besser.« Und heute wissen wir es besser.

Wir sind heute älter. Reifer. Gewiss befinden wir uns als Spezies noch im frühen Stadium der Jugend, aber wenigstens liegt das Säuglingsalter inzwischen hinter uns. Und deshalb öffnen sich heute überall auf der Welt Menschen für neue Wahrheiten über Gott – die eigentlich gar nicht neu sind, denn Gott hat uns das schon die ganze Zeit gesagt, aber als erwachende Spezies beginnen wir es erst jetzt zu verstehen.

Heute hören nicht wenige, sondern Millionen Menschen Gottes ursprüngliche Botschaft, statt weiterhin der alten überlieferten Geschichte *über* diese Botschaft Glauben zu schenken. Diese ursprüngliche Botschaft teilte sich den Menschen bereits in den frühesten Gedanken der ersten Mitglieder unserer Spezies mit. Sie wurde weitergegeben von den Klügsten der Sippe, den Ältesten des Stammes, den Sehern und Mystikern, die in unserer Mitte lebten. Die Botschaft ist seither unaufhörlich übermittelt worden. Heute erreicht sie – in nie da gewesener Klarheit – mehr Menschen als je zuvor, weil unsere Fähigkeit, sie zu empfangen, sie zu begreifen und zu verbreiten, enorm gewachsen ist.

Daher ist es kein Zufall, dass fast alle modernen, umfassenden Interpretationen der ursprünglichen Botschaft Gottes übereinstimmende Beobachtungen enthalten, zu ähnlichen Schlussfolgerungen gelangen und miteinander vergleichbare Realitäten beschreiben.

Der vorliegende Text fasst viele dieser zeitgemäßen Schlussfolgerungen zusammen und zeigt auf, warum sich immer mehr Menschen modernen Formen der Spiritualität zuwenden: unsere alte überlieferte Geschichte *enthält viele Ungenauigkeiten und Irrtümer.*

Diese Irrtümer führten dazu, dass wir auf diesem Planeten ziemlich dysfunktionale Zustände geschaffen haben. Aber heute sind wir zumindest bereit zu ergründen, warum wir wohl doch nicht alles richtig gemacht haben.

Und Gott hilft uns *jetzt*. Gott steht uns hier und heute zur Seite. Davon handeln die heutigen spirituellen Bücher, so wie die alten spirituellen Bücher davon handeln, wie Gott den Menschen damals half.

Alle spirituellen Texte sind Interpretationen von Gottes ursprünglicher Botschaft. Doch in den neuen Texten durchläuft diese Botschaft nicht den Filter der alten überlieferten Geschichte der Menschheit. Vielmehr betrachten wir sie durch eine neue Linse. Und wir sind bereit, uns zu fragen: Gibt es da vielleicht eine neue kulturelle Geschichte, die darauf wartet, von uns entdeckt zu werden? Könnte es sich dabei um die ursprüngliche Geschichte handeln, ohne die später eingefügten Verzerrungen und Irrtümer?

Könnte es eine Geschichte geben, die so radikal anders, so großartig transformierend, so wunderbar nahe an Gottes ursprünglicher Botschaft ist, dass die Menschheit zunächst ein bisschen erwachsener werden musste, um sie in ihrer Großartigkeit auch nur ansatzweise begreifen zu können?

Könnte es sein, dass Gott uns seit jeher unverändert seine ursprüngliche Botschaft sendet und durch all die Jahrtausende nie müde wird, uns einzuladen, uns für sie zu öffnen? Sind wir mit unserem gereiften Bewusstsein jetzt endlich in der Lage, diese Botschaft zu hören?

~

Haben wir demnach als Spezies heute endlich den Mut, die Grundannahme zu hinterfragen?

Gott sagt uns heute, dass wir einige Fehler gemacht haben. So ist es, klar und eindeutig. Gott drückt sich da ganz präzise und unmissverständlich aus. Die Liste unserer größten Missverständnisse über Gott haben wir ja bereits präsentiert.

Und die Grundannahme, um die es geht, lautet folgendermaßen: *Alles, was uns über Gott beigebracht wurde, ist vollkommen und absolut zweifelsfrei richtig.*

Es gab keine Missverständnisse. Nicht ein einziges. Unsere Lehrer haben unumstößliche Wahrheiten verkündet.

Nicht nur Päpste werden als unfehlbar betrachtet, sondern alle spirituellen Lehrer und spirituellen Doktrinen, die uns seit Langem lieb und teuer sind.

Jede Generation geht davon aus, dass jede Lehre, jedes Dogma, jede Ideologie des von unserer jeweiligen Gruppierung favorisierten spirituellen Meisters buchstabengetreu befolgt werden sollte.

Warum fällt es uns traditionell so schwer, diese Annahme infrage zu stellen?

Nun ... einmal abgesehen davon, dass die Sache zusätzlich dadurch erschwert wird, dass es gegenwärtig einundzwanzig größere Religionen gibt (und schätzungsweise etwa 4200 religiöse Gruppierungen) ... müssen wir uns klarmachen, dass es sich einfach um ein grundlegendes persönliches Bedürfnis handelt.

Wir müssen an *irgendetwas* glauben. Wir sind eine fragile Spezies, und können wir nicht an die von uns selbst geschaffenen Systeme glauben – unsere politischen, ökonomischen, pädagogischen, ökologischen und sozialen Konstrukte –, müssen wir wenigstens an unser Bild von Gott glauben.

Zumindest trifft das auf die überwiegende Mehrheit von uns zu. Nach aktuellen Zählungen glauben fast fünf Milliarden Menschen an die Existenz eines höheren Wesens oder einer höheren Macht. Den meisten Menschen wurde gesagt, das, was sie *über* diese höhere Macht glauben, wäre heilig und unantastbar. Man dürfe es nicht hinterfragen, anzweifeln oder entehren. Und es hätte schlimme Folgen, wenn wir in unserem Glauben schwankend werden.

Und so halten wir eisern an unseren Grundannahmen über Gott fest. Nichts kann sie ins Wanken bringen.

Es gibt noch einen anderen Grund, warum sich viele von uns so verhalten. Dabei geht es nicht nur um das Bedürfnis, an unsere Konstrukte zu glauben, sondern wir wollen auch an die Menschen glauben, die uns diese Konstrukte beigebracht haben. Wir wollen an unsere Eltern glauben. Und an unsere Vorfahren.

Es geht um Traditionen.
Kulturelle Identität und Traditionen. Wenn wir uns von unserer Kultur lösen, wenn wir mit einer Tradition brechen, so fühlt sich das wie Verrat an, als würden wir unsere Vorfahren und deren kulturelles Erbe verraten. Würden wir das alles aufgeben, *wer wären wir dann?* Sollen wir uns etwa in jeder neuen Generation neu erfinden? Zählen denn die Einsichten und Errungenschaften unserer Vorfahren gar nichts mehr? Wird das alles heutzutage einfach über Bord geworfen?

Diese Fragen sind berechtigt, und es ist absolut nachvollziehbar, dass sie sich jeder intelligente Mensch stellt, der einen angemessenen Respekt gegenüber seiner Kultur und seinen Vorfahren empfindet. Dennoch faszinierte mich eine Äußerung Dr. Bertrand Piccards in einem Interview, das im Mai 2014 im *Lufthansa*-Magazin erschien.

Auf einem Flug nach Bukarest, wo ich ein Seminar zum Thema spirituelle Erneuerung leiten sollte, blätterte ich in dem Magazin und stieß auf eine faszinierende Reportage über Dr. Piccard, der 1958 in eine Familie von Forschern und Entdeckern hineingeboren wurde.

Sein Großvater Auguste stieg 1932 als erster Mensch mit einem Ballon in die Stratosphäre auf. Sein Vater Jacques erforschte 1960 mit einem U-Boot als Erster die Tiefsee im Marianengraben. Bertrand selbst studierte Medizin und ist Psychiater und Psychotherapeut. 1999 umrundete er als erster Mensch in einem Ballon die Erde. Mit anderen Worten, dieser Mann ist ein Pionier, der etwas nie Dagewesenes vollbrachte. Damit führt er die reiche Tradition seiner Familie fort und erweist seinen Vorfahren Ehre.

In dem Interview sagt Dr. Piccard:

»Ich unterhalte mich gerne mit Menschen, die die Welt anders sehen als ich ... das ist eine Art Dehnübung für meinen Geist. ... Außerdem stelle ich regelmäßig meine Überzeugungen auf den Prüfstand. Was wäre, wenn meine Annahme falsch und das genaue Gegenteil richtig ist? Wie würde sich meine Weltsicht dadurch verändern?«

Geben wir es ruhig zu: Wir haben uns auch früher schon geirrt

Könnte es sein, dass unsere gegenwärtigen Annahmen über Gott fehlerhaft sind und dass in manchen Fällen sogar das genaue Gegenteil dieser Annahmen zutrifft? Würde das unser Weltbild verändern? Hat es viel Gutes bewirkt, während all dieser Jahrhunderte vermeintlich recht gehabt zu haben? Könnte es demnach großen Schaden anrichten, wenn wir diese Annahmen kritisch überprüfen?

Wenn wir nicht bereit sind, unsere Annahmen auf den Prüfstand zu stellen, können wir ebenso gut unsere menschliche Evolution für beendet erklären. Dann kommen wir nicht weiter. Dann bleibt alles so, wie es immer schon war. Nichts würde sich je ändern.

Ist die Welt keine Scheibe? Ist die Erde nicht der Mittelpunkt des Universums, um den die Sonne und die Sterne kreisen?

Die Menschheit muss endlich ihr dysfunktionales Festhalten an überholten Lösungsansätzen aufgeben (und alle Versuche, diese Ansätze rachsüchtig und mit Gewalt durchzusetzen). Dann, und nur dann, wird sie die Ursachen für ihr destruktives Verhalten erkennen können.

Tatsächlich ist es so, dass unser *Glaube* unser Verhalten bestimmt, und wir glauben an einen rachsüchtigen und gewalttätigen Gott. An einen eifersüchtigen Gott. Einen Gott des Zorns und der Vergeltung. »Mein ist die Rache«, spricht der Herr.

Wirklich? Nun, es scheint so. Die Bibel berichtet, dass über zwei Millionen Menschen durch Gottes Hand oder auf seinen Befehl getötet wurden.

Kann das wahr sein? Oder könnte die Bibel hier »irren«? Kann die Bibel überhaupt Irrtümer enthalten?

Oder der Koran? Und was ist mit der Bhagavad Gita? Was mit der Tora, der Mischna, dem Talmud?

Enthalten der Rigveda, die Brahmanas, die Upanishaden Fehler? Gibt es Irrtümer im Mahabharata, im Ramayana, den Puranas? Was ist mit dem Tao-Te-King, dem Buddha-Dharma, dem Dhammapada, dem Shiji, dem Pali-Kanon?

Und müssen wir jedes einzelne Wort im Buch Mormon glauben?

Nicht alle diese Quellen sprechen von einem gewalttätigen Gott, aber alle sprechen von *größeren Wahrheiten*, und Millionen Menschen wurden von dem berührt, was in diesen Texten aufgezeichnet wurde.

Der Punkt ist: Wir haben den Worten in diesen heiligen Schriften Glauben geschenkt, sei es die eine oder die andere, und – um eine berechtigte Frage erneut zu stellen – wohin hat es uns gebracht? Ist es nicht an der Zeit, die Grundannahme zu hinterfragen?

Vermutlich.

Geben wir es ruhig zu: Wir haben uns auch früher schon geirrt

Nein, auf jeden Fall!

Aber warum? Welchen Unterschied würde es machen, wenn unsere Annahmen über Gott falsch sind?

Hätte es praktische Auswirkungen auf unseren Alltag? Könnte es sich gar auf den ganzen Planeten auswirken?

Natürlich. Zweifellos würde es sich auf die ganze Welt auswirken.

Aber jeder denkende Mensch muss sich zuerst fragen: Wenn Gott seine Wahrheiten einzelnen Menschen direkt mitteilt, wie kommt es dann, dass die Botschaften, die diese Menschen an ihre Mitmenschen weitergaben, nicht identisch sind? Warum gibt es all diese Unterschiede?

Es wird immer klarer, dass die Botschaften zwar von Gott *gesendet* wurden, *empfangen* wurden sie aber von Menschen. Und wieder andere Menschen haben sie *interpretiert*.

Kurz gesagt: Die ursprüngliche Botschaft war unmissverständlich, doch das trifft nicht auf alle Boten zu. Vor allem, wenn jemand die Botschaft aus zweiter oder dritter Hand empfing. Mit anderen Worten, das, was der erste Bote unmittelbar gehört und mitgeteilt hatte, wurde von anderen ausgelegt und dabei verzerrt.

Das ist nicht der Fehler desjenigen, der sie interpretierte. Es spiegelt sich darin einfach die Fähigkeit all jener innerhalb einer Spezies, denen die Botschaft übermittelt wird, sie völlig zu verstehen, wenn sie zum ersten Mal präsentiert wird. Das wiederum hängt davon ab, *wann* im Verlauf der Evolution einer Spezies die Botschaft ursprünglich empfangen wurde.

Im Fall der Menschheit geschah das vor vielen Tausend Jahren. Seitdem hat unsere Spezies sich beträchtlich weiterentwickelt – und somit ist auch unsere Fähigkeit gewachsen, die ursprüngliche Botschaft zu verstehen.

Geben wir es also ruhig zu: Die ersten Interpretationen der Botschaft könnten nicht hundertprozentig korrekt gewesen sein und durchaus den einen oder anderen kleinen Fehler enthalten. Und genau darum geht es. Es soll keineswegs behauptet werden, die Religion hätte alles falsch gemacht. Aber die Informationen könnten unvollständig – und deshalb etwas ungenau sein.

Können wir das einfach zugeben?

~

Immerhin beginnen wir jetzt allmählich damit, es zuzugeben. Es hat lange gedauert, aber wir beginnen.

Beispiel: Am 22. April 2007 hob die katholische Kirche ihre Lehre von der Vorhölle auf.

Seit Jahrhunderten lehrte die Kirche, dass die Seelen der Kinder, die ungetauft sterben, in die Vorhölle, den sogenannten Limbus, kommen würden. Dort würden sie zwar ewig glücklich sein, aber die »Gottesschau« bliebe ihnen verwehrt. Mit anderen Worten, sie dürften nicht in der Gesellschaft Gottes im Paradies sein.

Dann, im Jahr 2007, veröffentlichte die päpstliche Internationale Theologiekommission ein Dokument mit dem Titel »Die Hoffnung auf Rettung für ungetauft sterbende Kinder«. In diesem von Papst Benedikt XVI. autorisierten Dokument erklärte die Kommission, dass die jahrhundertealte Auslegung der ursprünglichen Botschaft, wonach ungetauft verstorbene Kinder nicht in den Himmel kommen, möglicherweise unzutreffend ist.

Die katholische Kirche gelangte, in den Worten der Kommission, zu dem Schluss, »dass es theologische Grundlagen und ernst zu nehmende Liturgien gibt, die hoffen lassen, dass ungetaufte Säuglinge erlöst werden, wenn sie sterben«.

Dann wurde in dem Dokument ein erstaunliches und enorm wichtiges Eingeständnis gemacht:

»Wir betonen, dass es sich eher um Gründe für betende *Hoffnung* als um Gründe für sicheres Wissen handelt. *Es gibt vieles, was uns einfach nicht offenbart worden ist.*«

(Hervorhebung durch mich.)

Dieser bemerkenswerte Satz besagt, dass die erhabene und heilige römisch-katholische Kirche öffentlich zugibt, wenn auch erst im einundzwanzigsten Jahrhundert, also reichlich spät, dass bisher nicht alles über Gott offenbart wurde. Woraus man wohl folgern kann, dass es mehr zu offenbaren gibt.

Dass die katholische Kirche das zugibt, ist keine Kleinigkeit!

Beispiel: Im Jahr 1978 hob die Kirche Jesu Christi der Heiligen der Letzten Tage (auch Kirche Jesu Christi HLT oder Mormonen genannt) ihr Verbot auf, farbige Männer als Priester zuzulassen.

Seit der Kirchengründung im Jahr 1849 wurde dieses Verbot mit der mormonischen Bibelauslegung begründet, wonach auf Farbigen der sogenannte »Fluch Hams« laste. Deshalb schloss man Farbige nicht nur vom Priesteramt aus, sondern farbige Frauen und Männer durften *überhaupt nicht* an Zeremonien in den HLT-Tempeln teilnehmen.

Farbige durften also keine Mormonentempel betreten – und dennoch hielt man diese Tempel für heilige Häuser Gottes! Die Bibelstelle, auf der dieses Verbot beruhte, findet sich im Buch Genesis. Es geht darin um Noachs (Noahs) Trunkenheit und das beschämende Verhalten seines Sohnes Ham, des Vaters Kanaans.

Im englischen Wikipedia-Artikel zu diesem Thema heißt es: »Über die Natur der von Ham begangenen Sünde und die Frage, warum Noach Kanaan verfluchte, obwohl doch nur Ham gesündigt hatte, wird seit zweitausend Jahren diskutiert. Der ursprüngliche Zweck der Geschichte bestand darin, die Unterwerfung der Kanaaniter unter die Israeliten zu rechtfertigen, doch in späteren Jahrhunderten interpretierten manche Juden, Christen und Muslime Noachs Fluch als eine Verfluchung der schwarzen Hautfarbe und eine Erklärung für ihren Ursprung sowie als Rechtfertigung für die Sklaverei.«

Wie dem auch sei, 1978 erklärte die Erste Präsidentschaft der Kirche und der Rat der Zwölf, unter Vorsitz von Spencer W. Kimball, sie hätten eine Offenbarung empfangen, in der sie aufgefordert wurden, den Ausschluss Farbiger aufzugeben.

Die sogenannte »Amtliche Erklärung Nr. 2«, mit der das Verbot, Schwarze für das Priesteramt zuzulassen, aufgehoben wurde, beruhte, wie die Kirche nachdrücklich erklärte, auf einer *Offenbarung Gottes*.

Dieser bemerkenswerte Satz besagt, dass die erhabene Kirche der Heiligen der Letzten Tage öffentlich zugab, wenn auch erst im späten zwanzigsten Jahrhundert, dass nicht alles über Gott bereits offenbart wurde – und dass *auch heutzutage* von normalen Menschen Offenbarungen empfangen werden.

Warten Sie einen Moment. Wir sollten darüber nicht so einfach hinweggehen.

Da wurde von einer großen, weltweit verbreiteten Kirche eine *göttliche Offenbarung* im Jahr 1978 offiziell bestätigt?
Ja.
Und erst 2007 wurde von der weltgrößten Kirche die *weitreichende Änderung einer alten Doktrin* angeordnet?
Ja.
Demnach haben also Offenbarungen Gottes nicht nur in grauer Vorzeit stattgefunden.
Das bringt uns zu einer interessanten Frage. Ist es möglich, dass Menschen *heute* göttliche Offenbarungen empfangen?
Ja.
Aber sind solche Offenbarungen auf Kirchenpräsidenten und Päpste beschränkt? Haben nur ganz wenige Menschen göttliche Offenbarungen empfangen?
Nein.

Jetzt kommt das große *Was wäre, wenn ...*

Was wäre, wenn die Anzahl der Menschen, die Gespräche mit Gott hatten oder haben, unbegrenzt ist?

Was wäre, wenn diese Liste alle Menschen einschließt, die je gelebt haben, leben und leben werden?

Was wäre, wenn Gott mit allen spricht, immer?

Was wäre, wenn die Frage nicht ist, zu wem Gott spricht, sondern wer ihm zuhört?

Könnte das wahr sein?

Allein die Idee bringt das Fundament unserer gegenwärtigen Realität ins Wanken. Doch hier zitiere ich eine interessante Beobachtung von Mutter Meera:

»Ein verbreiteter Fehler ist es, eine Realität für *die* Realität zu halten. Wir sollten immer bereit sein, eine Realität zugunsten einer größeren aufzugeben.«

Das ist wahr.

~

Eines sollte klar sein: Alle Botschaften, die die Menschheit seit Beginn der geschichtlichen Überlieferung bis heute von Gott empfangen hat, wurden durch Menschen übermittelt.

Um der völligen Klarheit willen wiederholen wir das noch einmal:

Alle Botschaften, die die Menschheit seit Beginn
der geschichtlichen Überlieferung bis heute von Gott
empfangen hat, wurden durch Menschen übermittelt.

Unaufhörlich offenbart Gott der Menschheit Göttlichkeit *durch* die Menschheit.

Gott hat damit nie aufgehört, und er wird auch nie damit aufhören.

Doch heute wächst die Fähigkeit der Menschheit immer mehr, Gottes Offenbarungen klar zu hören und treffend zu interpretieren.

Dies ist auf unseren Reifeprozess als Spezies zurückzuführen.

Geben wir es ruhig zu: Wir haben uns auch früher schon geirrt

Heute, nach vielen Jahrtausenden, haben wir uns so weit entwickelt, dass wir geistig wirklich offen für die göttliche Offenbarung sind, die uns ständig übermittelt wird.

Wir sind bereit für die Erkenntnis, dass es auch heute absolut möglich ist, solche Offenbarungen zu empfangen – nicht nur »in früheren Zeiten«. Und wir sind weit besser in der Lage, dies als unmittelbare Realität zu erfahren.

Dabei hilft es uns, dass wir – auch wenn das viele, viele Generationen dauerte – endlich begonnen haben, uns vom blinden Gehorsam gegenüber den religiösen Lehren der Vergangenheit zu distanzieren.

Heute gestatten wir es uns, das Gute aus diesen religiösen Traditionen beizubehalten und weiterhin anzuwenden, während wir das aussortieren, was nicht funktioniert. Damit befreien wir uns endlich von den einengenden und psychologisch schädlichen Auswirkungen vieler dieser uralten Interpretationen der ursprünglichen Botschaft.

Lassen Sie uns das auf einer neuen Ebene tun.

Beginnen wir gleich jetzt damit!

1. These

Man muss Gott fürchten

Unser erstes Missverständnis über Gott.

In all den Jahren, die ich jetzt auf dem Planeten bin, war das Traurigste, was ich über Gott hörte, dieser Satz, der von allen Autoritäten wieder und wieder ausgesprochen wurde: *Fürchte dich vor Gott.*

Diese Ermahnung begegnet einem im Christentum auf Schritt und Tritt – doch ebenso im Islam und in den religiösen Lehren des Judentums. Aus jeder dieser drei großen Religionen hören wir Sätze wie diese:

»Fürchte Gott und achte auf seine Gebote! Das allein hat jeder Mensch nötig.« (Kohelet 12,13) »Anfang der Weisheit ist die Gottesfurcht.« (Sprichwörter 9,10) »Und wer Allah fürchtet, dem gibt er einen guten Ausgang und versorgt ihn.« (Sure 65,2) »Alle Welt fürchte den Herrn.« (Psalmen 33,8)

Davon gibt es noch mehr. Viel mehr.

»Reinigen wir uns also von aller Unreinheit des Leibes und des Geistes und streben wir in Gottesfurcht nach vollkommener Heiligung.« (2 Korinther 7,1)

Heilig werden wir demnach, wenn wir Angst vor Gott haben? Ja, so wurde und wird es gelehrt. Und diese Botschaft wurde nicht nur den besonders Frommen vermittelt, die in klösterlicher Abgeschiedenheit nach »Heiligung« strebten, sondern richtet sich an alle, denn »daran sollen alle Völker der Erde erkennen, dass die Hand des Herrn stark ist, und ihr sollt allezeit Jahwe, euren Gott, fürchten.« (Josua 4,24)

Jetzt kommt das große *Was wäre, wenn* ...

Was wäre, wenn es für uns überhaupt keinen Grund gäbe, Gott zu fürchten?

Würde das einen Unterschied machen? Spielt es eine Rolle? Würde es sich auf unsere irdische Erfahrung auswirken? Ja. Natürlich würde es das. Wenn wir glauben, keine Angst vor Gott haben zu müssen, würde fast allen religiösen Doktrinen auf der Welt der Boden entzogen. Die Religion an sich würde nicht verschwinden (ich denke nicht, dass die Idee und die Praxis, unsere natürlichen Impulse gegenüber dem Göttlichen zu ehren, jemals aus der menschlichen Erfahrung verschwinden werden), aber nur das »Hohe« daran würde bleiben. Die Schattenseite der Religion – die Auffassung, man müsse Gott fürchten, weil Gott eine zornige, rachsüchtige, verdammende und strafende Gottheit ist – würde sich in nichts auflösen.

Dann müssten wir andere Deutungen für unser Verhalten finden, für unsere Sicht des Lebens und des Menschen und für die ganze menschliche Erfahrung auf diesem Planeten.

Aber es wäre gar nicht so leicht, uns davon zu überzeugen, dass man Gott nicht fürchten muss. Denn diese Botschaft

1. These

ist uns immer wieder vermittelt worden – von Menschen, die sie aus der Bibel übernahmen und in ihre eigenen Worte kleideten.

Der Afrikaforscher David Livingstone war in England ein populärer Nationalheld. Bei seiner Begegnung mit H. M. Stanley 1871 entstand das berühmte Zitat »Doktor Livingstone, nehme ich an?« Livingstone hinterließ uns die Mahnung: »Fürchte Gott und arbeite hart.«

Oswald Chambers, der schottische Prediger und Bibellehrer, Autor von *Mein Äußerstes für Sein Höchstes*, einem Bestseller der religiösen Literatur, schrieb im frühen zwanzigsten Jahrhundert: »Das Bemerkenswerte an Gott ist, dass man, wenn man Gott fürchtet, nichts anderes fürchtet. Fürchtet man dagegen Gott nicht, fürchtet man alles andere.«

Ray Comfort, ein moderner Evangelist, Autor von *The Way of the Master*, sagt zu uns: »Wenn die Menschen Gott nicht fürchten, geben sie sich dem Bösen hin.« (Mit anderen Worten, nur die Furcht vor Gott hält uns davon ab, schlimme Dinge zu tun.)

Und was sagte Charles Inglis, im frühen neunzehnten Jahrhundert erster anglikanischer Bischof in Nordamerika? Der Ire Inglis, erster Bischof der britischen Kolonie Nova Scotia, tat, was Tausende Geistliche vor ihm und nach ihm getan haben. Bibeltreu predigte er: »Gott zu fürchten ist eine der ersten und größten Pflichten seiner vernunftbegabten Geschöpfe.«

Wir sehen also, dass es unsere *Pflicht* ist, Gott zu fürchten.

Der Katholizismus, den ich in meiner Kindheit erlebte, war eine wirklich freundliche Religion. Alles, was ich zu tun hatte, war, jeden Sonntag zur Messe zu gehen, jeden Samstag beichten zu gehen, regelmäßig die heilige Kommunion zu empfangen, die Zehn Gebote zu befolgen, den Vorschriften der Kirche zu gehorchen und so sündenfrei wie möglich zu leben – dann stand einem guten Verhältnis zu Gott nichts im Weg.

Doch wenn ich ernsthaft infrage stellte, was man mich gelehrt hatte – und erst recht, wenn ich einen wesentlichen Aspekt davon *ablehnte* –, würde Gott das gar nicht lustig finden und mich für alle Ewigkeit in die Hölle schicken.

Ganz wörtlich.

Und meine Religion war nicht die einzige Religion, die Furcht in die Herzen von Männern und Frauen säte.

Nehmen Sie zum Beispiel diesen Bericht aus dem Mai des Jahres 1420:

Ein sudanesisches Gericht verurteilte Maryam Yahya Ibrahim Ishaq, eine neunundzwanzigjährige schwangere Frau, zum Tode, weil sie einen Christen geheiratet hatte und zum christlichen Glauben übergetreten war.

Die Frau wurde des Abfallens vom Glauben für schuldig befunden, da das Gericht in Karthum sie als Muslimin betrachtet. Den Umstand, dass sie von ihrer Mutter christlich erzogen wurde, nachdem der muslimische Vater die Familie verlassen hatte, als Maryam Ishaq sechs Jahre alt gewesen war, sah das Gericht als unwesentlich an.

Da ihr Vater Muslim ist, betrachtete das Gericht auch sie als Muslimin und erkannte ihre Heirat mit einem nicht mus-

1. These

limischen Mann nicht an. Sie wurde deshalb zusätzlich der Apostasie für schuldig befunden und sollte vor ihrer Hinrichtung durch den Strang noch hundert Peitschenhiebe erhalten.

Ich bitte um Entschuldigung, mir ist da leider ein Tippfehler unterlaufen. Ich habe die Jahreszahl falsch herum geschrieben. Das geschah nicht im Mai 1420, sondern im *Mai 2014*.

Ja, Sie haben richtig gelesen. Im Jahr 2014 wurde eine Frau zum Tode verurteilt, weil man sie des Abfalls von ihrem islamischen Glauben beschuldigte. Erst nach heftigen internationalen Protesten wurde das Urteil aufgehoben. Wir sehen also, die Religionen finden, indem sie Höllenangst oder Todesangst verbreiten, bis heute Mittel und Wege, dass ihre Gläubigen ... nun ...

... gläubig bleiben.

Schon dass man die offiziellen religiösen Lehrmeinungen anzweifelt, kann dazu führen, dass man von seiner spirituellen Gemeinschaft gemieden und ausgegrenzt wird – und in manchen Ländern kann man deshalb wegen Apostasie angeklagt werden. Verurteilten droht die Ausweisung oder gar die Todesstrafe.

Zu Angst und Schrecken, die man den Gläubigen einimpft (müsste man sie nicht besser die »Verängstigten« nennen?), kommt die natürliche Neigung vieler Menschen, ihre wichtigsten Glaubensüberzeugungen niemals anzuzweifeln und zu hinterfragen, weil sie das Gefühl haben, sie würden sonst ihre Familie, Tradition, Kultur entehren.

Diese Ehrfurcht vor der familiären und kulturellen Tradition zusammen mit der Gottesfurcht – da wird nachvollziehbar, warum es vielen Menschen schwerfällt, sich auf spirituelle Erkundungen einzulassen, die über den orthodoxen Rahmen ihrer jeweiligen religiösen Tradition hinausgehen. Ja, solche neuen spirituellen Wege zu erforschen kann im besten Fall beunruhigend, im schlimmsten furchteinflößend sein.

Woher kommt diese uralte Vorstellung, dass wir Gott fürchten sollen? Sie beruht auf der falschen Annahme, dass Gott zwei Wünsche hat: Liebe und Gerechtigkeit.

Man sagt uns, dass Gott, um Seinen ersten Wunsch zu erfüllen, jedem Menschen reichlich und wiederholt Gelegenheit gibt, sich mit Ihm auszusöhnen. Um den zweiten Wunsch zu erfüllen, so heißt es, zieht Gott am Ende des Lebens eines jeden Menschen Seele zur Rechenschaft und urteilt, ob die Seele sich ewige Belohnung im Himmel verdient hat oder zur ewigen Höllenqual verdammt wird – oder etwas dazwischen: die Verurteilung zur vorübergehenden qualvollen »Läuterung« in dem, was die Katholiken und manche anderen Christen Fegefeuer nennen.

(Mitglieder der Kirche der Heiligen der Letzten Tage bezeichnen diesen Ort der nicht ewig währenden Verdammnis als Geistergefängnis, wo die Seelen angeblich in Schmerz, Schuld und Qual existieren, aber nur bis zum Jüngsten Gericht, wenn alle eine letzte Chance erhalten, Jesus Christus als ihren Erlöser anzuerkennen.)

Das alles geschieht, so wird uns gesagt, nur deshalb, weil im Himmel nichts als Vollkommenheit und Heiligkeit existieren dürfen. (Darauf werden wir noch näher eingehen.) Da

1. These

aber nur wenige von uns in einem Zustand absoluter Vollkommenheit und Heiligkeit sterben, erwartet einige von uns nach dem Tod eine Zwischenwelt. Dort sollen wir durch Höllenqualen, die aber nicht ewig dauern, von unseren Sünden gereinigt werden. Die Dauer dieser Qualen hängt offenbar von der Länge unseres Sündenregisters ab.

Andere dagegen kommen sofort in die Hölle, wo sie ewig für Sünden büßen müssen, die so schwerwiegend sind, dass sie durch vorübergehende Folter nicht weggebrannt werden können. Gott kann und wird ihnen niemals vergeben.

Zwar sprechen Katholiken häufiger als Menschen anderer Glaubensrichtungen vom Fegefeuer, doch diese Vorstellung eines (schrecklichen) Zwischenzustandes der Seelen, bevor sie Einlass in den Himmel erhalten, ist nicht auf den Katholizismus, ja nicht einmal auf das Christentum beschränkt. Rituale und Gebete für die Verstorbenen gab es schon lange vor Christi Geburt – zum Beispiel in Ägypten. Auch im Islam und im Judentum finden sich ähnliche Vorstellungen.

Tatsächlich ist in den alten heiligen Schriften vom Vorgang der *Apokatastasis* die Rede – einem altgriechischen Wort, das »Wiederherstellung des ursprünglichen Zustandes« bedeutet.

Es heißt, dass die Hinterbliebenen den Seelen geliebter Verstorbener durch Gebete und Opfergaben beistehen können. Einst konnten Wohlhabende für Verstorbene sogenannte vollkommene Ablässe kaufen – die Verstorbenen kamen angeblich sofort aus dem Fegefeuer frei, wenn man der katholischen Kirche eine große Geldsumme, Land oder beides schenkte (gegen diese Praxis protestierte Martin Luther öffentlich, was zur Entstehung der protestantischen Bewegung, der Reformation, führte).

Da diese ganze ängstliche Sorge um die Verstorbenen und der entsprechende Totenkult schon seit Tausenden von Jahren üblich sind, ist es kein Wunder, dass sich bis zum heutigen Tag so viele Menschen davor fürchten, nach ihrem Tod den Zorn Gottes erdulden zu müssen.

Gottes botschaft an die welt

Vom Anbeginn der Zeit hat Gott uns gesagt, und von Tag zu Tag zeigt es sich deutlicher, **dass die alte überlieferte Geschichte der Menschheit, wonach wir Gott fürchten sollen, schlichtweg falsch ist.**

Es ist völlig in Ordnung, wenn wir diese alte Lehre aus unserem heutigen Gottesbild entfernen und damit aufhören, sie ständig aufs Neue uns und unseren Kindern zu erzählen.

Dass wir ihn fürchten, ist das *Letzte*, was Gott will!

Gott verlangt noch nicht einmal von uns, ihn zu lieben. Wir *können* Gott lieben, wenn wir das gerne wollen, aber Gott verlangt das nicht von uns und befiehlt es uns nicht. Liebe ist nicht etwas, das Gott befiehlt oder fordert. Liebe ist, was Gott *ist*.

Gott erlebt jederzeit, was Gott ist, ob wir uns dessen bewusst sind oder nicht. Gott ist nicht darauf angewiesen, von uns zu bekommen, was Gott ohnehin schon ist. Viel-

1. These

mehr versorgt Gott *uns* mit dem, was Gott ist. Und das Traurige daran ist, dass wir uns sehr oft *weigern*, es anzunehmen und zu erleben.

Was wäre das für ein göttliches Wesen, das gleichzeitig von uns verlangt, es zu fürchten und es zu lieben? Diese Frage müssen Sie stellen, wenn Sie sich darüber klar werden wollen, ob eine solche Theologie Sinn ergibt.

Die heutige Theologie, die von Milliarden Menschen geglaubt wird, behauptet, Gott wäre eifersüchtig, rachsüchtig, zornig, sei den Menschen gegenüber gewalttätig und befehle ihnen, ebenfalls gewalttätig gegen ihre Mitmenschen zu sein. Zugleich verkündet sie, Gott wäre fürsorglich, mitfühlend, barmherzig und liebevoll und wolle nur das Beste für uns. Ein Resultat dieser Lehre: Obwohl die meisten Menschen das Gefühl haben, Gott fürchten zu müssen, wollen sie Gott gleichzeitig lieben. Viele Menschen vermischen daher Furcht und Liebe und glauben, diese beiden Gefühle seien irgendwie miteinander verbunden.

Was Gott angeht, lieben wir es, uns zu fürchten, und wir fürchten, nicht zu lieben. Wir haben es sogar zur Tugend erhoben, »gottesfürchtig« zu sein, während wir gleichzeitig versuchen, das Gebot zu erfüllen: »Du sollst den Herrn, deinen Gott, lieben mit ganzem Herzen und ganzer Seele, mit all deinen Gedanken und all deiner Kraft.«

Laut unserer alten überlieferten Geschichte hat Gott unmissverständlich klargemacht, dass Er die Menschen liebt, wenn sie tun, was er will. Wenn nicht, bricht sein ganzer Zorn über sie herein, und Er verurteilt sie zu ewiger Verdammnis.

Manche sagen, wenn Gott seinen Zorn zeige, geschähe das aus Liebe. Er verhalte sich wie ein Vater, der seine Kinder züchtige, obwohl ihm das noch größeren Schmerz bereite als ihnen. Selbst darin, dass er Menschen zu ewigen, unaussprechlichen Qualen verurteile, zeige sich seine Liebe. Mit dieser Erklärung versuchen sie, das Bild eines liebenden Gottes zu bewahren.

So sind viele Menschen sehr verwirrt, was das wahre Wesen der Liebe angeht. Denn auf einer tiefen, intuitiven Ebene spüren sie, dass es alles andere als liebevoll ist, grausame, niemals endende Strafen zu verhängen. Doch man sagt ihnen, eine solche Bestrafung wäre eine Demonstration der reinsten und höchsten Liebe, denn es gehe Gott ja darum, im Himmel vollkommene Gerechtigkeit und Heiligkeit zu bewahren. Da Gott gerecht ist, muss er Gerechtigkeit herstellen, sagt uns diese alte Theologie. Das sei Gottes Liebe in Aktion. (Wenn nicht die Menschen, liebt er also offenbar zumindest die Vollkommenheit!)

Diese theologische Verbindung von Liebe und Angst wirkt sich natürlich auf das menschliche Verhalten aus. Die Menschen fürchten sich vor dem, was sie sich am meisten wünschen.

Die Vorstellung, Gott müsse durch Bestrafung Gerechtigkeit schaffen, legt nahe, dass Gott sich durch Sein eigenes Gesetz paralysiert hat und über weniger Freiheit verfügt als ein Richter an einem menschlichen Gericht. Gott ist unfähig, das zu tun, von dem er behauptet, es tun zu wollen.

Dann hätten wir allerdings Grund, uns zu fürchten, denn wir hätten es mit einem Gott zu tun, der nicht frei in seinen

1. These

Entscheidungen ist und keine Barmherzigkeit, kein Mitgefühl walten lassen kann.

Da man uns die Furcht vor der Liebe Gottes eingeredet hat, haben viele von uns auch Angst vor der menschlichen Liebe. Man hat ihnen beigebracht, die Liebe Gottes könne sich von einem Augenblick zum nächsten in Zorn verwandeln, mit schrecklichen Folgen – und Gott habe diesbezüglich keine Wahl, weil »*Die Regeln*« nun einmal so sind.

Oder, was noch schlimmer wäre, Gott *hat* eine Wahl und entscheidet sich dennoch jedes Mal aktiv dafür, ohne Erbarmen und Mitgefühl Seelen zu ewiger Verdammnis, grausamer Folter, endlosen Qualen und unglaublichem Leid in den Feuern des Hades zu verurteilen.

Menschen, die solche Vorstellungen von ihrer Beziehung zu Gott verinnerlicht haben, werden, wenn sie eine intime zwischenmenschliche Liebesbeziehung eingehen, oft von einem sehr verständlichen Gedanken geplagt: »Was will, braucht oder erwartet dieser Mensch von mir? Und wie werde ich bestraft, wenn ich diese Erwartungen nicht erfülle? Werde ich dafür später vor dem Scheidungsrichter zur Rechenschaft gezogen?«

Denn genau so stellen wir uns unsere Beziehung zum allmächtigen Gott vor. Warum sollte es dann bei der Beziehung zu einem viel schwächeren Mitmenschen anders sein?

Daraus folgt die Auffassung, Partner hätten in einer Beziehung ein *Recht* darauf, als Gegenleistung für ihre Liebe bestimmte Dinge zu erwarten – da ja schließlich auch die Liebe Gottes an Bedingungen geknüpft ist.

Solche Erwartungen und Ängste untergraben viele Liebesbeziehungen von Anfang an. Und ganz sicher untergraben sie auch unsere Beziehung zu Gott.

Und das Ganze hat noch eine weitere Auswirkung. Weil in der Vorstellung der Menschen die höchste Liebe und die schlimmsten vorstellbaren Folterqualen als natürliche Ausdrucksformen Gottes miteinander verknüpft wurden, glauben die meisten Menschen, es wäre auch für sie angemessen und in Ordnung, Mitmenschen gleichzeitig zu lieben und zu quälen – und jene, von denen sie sich beleidigt oder angegriffen fühlen, zu verurteilen und zu bestrafen.

So wurde ein ganzes System geschaffen, das wir in unserer Welt »Justiz«, von lateinisch *iustitia*, also Gerechtigkeit, nennen – das aber viel zu oft, und dieser Einschätzung würden wohl die meisten Menschen beipflichten, *Un*gerechtigkeit produziert.

Um es ein für alle Mal klarzustellen: Gott zu fürchten ist keinesfalls ein Zeichen für besondere Heiligkeit, Bewusstheit, Spiritualität oder sogar Religiosität. Im Gegenteil, nichts ist weiter davon entfernt.

Hier noch einmal deutlich:

Gott zu fürchten ist keinesfalls ein Zeichen für besondere Heiligkeit, Bewusstheit, Spiritualität oder sogar Religiosität. Im Gegenteil, nichts ist weiter davon entfernt.

1. These

Die Furcht vor Gott beruht auf einer falschen Idee. Es ist die Idee, dass Gott uns bestraft, wenn wir nicht tun, was Gott will. Irgendwo tief in uns wissen wir, dass das nicht wahr sein kann, und deshalb fühlt sich die Angst vor Gott wie eine Lüge an. Kennen Sie dieses Gefühl, dass sich Ihnen der Magen umdreht, wenn Sie wissentlich die Unwahrheit sagen? Genau so fühlt sich Ihr Magen an, wenn jemand Ihnen sagt, dass Sie Gott fürchten sollen.

Das Traurige an den meisten Theologien besteht darin, uns den Glauben abzuverlangen, dass die freudige und wundervolle Natur dieses Lebens und des Lebens danach nicht garantiert sei.

Wenn Sie Gott fürchten, erklären Sie damit, dass Gott Vorlieben hat in Bezug darauf, wie Sie Ihr Leben leben – und dass Gott diese Vorlieben nicht erleben kann, ohne Ihnen mit Strafen zu drohen, die schlimmer als Ihr schlimmster Albtraum sind.

Angst vor Gott ist die logische Konsequenz daraus, dass die Menschheit fünf Irrtümer über Gott als wahr akzeptiert hat: erstens, dass Gott etwas *braucht*. Zweitens, dass es Gott *häufig nicht gelingt*, das zu bekommen, was er braucht. Drittens, dass Gott Sie von Sich *getrennt hat*, weil Sie Ihm nicht gegeben haben, was Er braucht. Viertens, dass Gott das, was er braucht, noch immer so sehr braucht, dass er von Ihnen, in Ihrer abgetrennten Situation, *verlangt*, es Ihm zu geben. Fünftens, dass Gott *Sie vernichten wird*, wenn Sie Seine Forderungen nicht erfüllen.

Jede dieser Aussagen ist für sich genommen so offenkundig falsch, dass sie eigentlich keiner weiteren Diskussion bedürfte.

Dennoch bilden sie als Gruppe *das Fundament der meisten Weltreligionen.*

Und bemerkenswerterweise hat die Menschheit bis heute nicht anerkannt, dass diese fünf Irrtümer mehr Leid und Zerstörung verursacht haben als alle anderen Annahmen über das Leben zusammengenommen.

∼

In seinem wunderbaren Buch *Die Vollkommenheitslehre* schrieb der spirituelle Lehrer Ernest Holmes:

»Liebe ist die zentrale Flamme des Universums, nein, sie ist das Feuer selbst. Es steht geschrieben, dass Gott Liebe ist und dass wir nach seinem Ebenbild geschaffen sind, dem Bild des Ewigen Seins.

Liebe ist Selbsthingabe durch Schöpfung, die Vermittlung des Göttlichen durch den Menschen. Liebe ist eine Essenz, eine Atmosphäre, die sich, wie das Leben selbst, einer Analyse entzieht. Sie ist das, was IST und nicht erklärt werden kann: Sie ist allen Menschen gemeinsam und auch allen Tieren, und sie zeigt sich in der Reaktion von Pflanzen auf jene, die sie lieben. Die Liebe herrscht uneingeschränkt über alles.

Obwohl die Liebe schwer zu begreifen ist, durchdringt ihre Essenz alles, befeuert das Herz, stimuliert die Gefühle, erneuert die Seele und proklamiert das Geistige.

Nur die Liebe kennt Liebe, und Liebe kennt nur Liebe. Mit Worten lässt sich die Tiefe oder Bedeutung der Liebe nicht ausdrücken. Ein universelles Gefühl allein zeugt von der göttlichen Tatsache: Gott ist Liebe, und die Liebe ist Gott.«

Was gibt es daran zu fürchten?
Nichts. Absolut nichts.

Doch Millionen – nein, Milliarden – Menschen lassen sich bis heute von der Idee versklaven, dass es weise und gut ist, »Gott zu fürchten«.

Die Welt würde heute sehr von einer *Bürgerrechtsbewegung für die Seele* profitieren, die die Menschheit endlich von der Last des Glaubens an einen gewalttätigen, wütenden und rachsüchtigen Gott befreit.

2. These

Vielleicht gibt es Gott gar nicht

Noch ein Missverständnis über Gott.

Die nach der Angst vor Gott zweitschädlichste Vorstellung von Gott ist jene, dass Gott gar nicht existiert.

Sie ist schädlich, weil sie alle Atheisten und die meisten Agnostiker davon abhält, von der Macht Gottes Gebrauch zu machen. Dabei strebt die ganze Menschheit danach, das Leben zu erschaffen, von dem wir alle sagen, dass wir es uns für jeden auf dem Planeten wünschen.

Wenn Ihnen der Stromversorger mitteilt, dass heute in Ihrer Straße der Strom abgeschaltet ist, werden Sie das Licht gar nicht erst einschalten, denn ohne Strom funktioniert es nicht. Sie säßen dann im Dunklen. Auch wenn der Strom fließt, ist er für Sie nutzlos, weil Sie ja glauben, dass er nicht fließt. Sie werden es noch nicht einmal ausprobieren, weil Ihnen ja von einer *äußeren Autorität* gesagt wurde, dass der Strom abgeschaltet ist.

Derzeit glauben ungefähr zehn Prozent der Menschen weltweit, dass der Strom abgeschaltet ist. Dabei handelt es sich in etwa um die Zahl jener Menschen, die sich selbst als nicht religiös kategorisieren. Ausdrücklich als Atheisten bezeichnen sich nur zwei Prozent der Weltbevölkerung. Und von der riesigen Mehrheit, die sagen, dass sie an Gott glauben, hat eine enorme Anzahl gelegentlich – und manchmal lebenslang – Zweifel, ob der Gott, an den sie glauben, wirklich existiert.

Jetzt kommt das große *Was wäre, wenn* …

**Was wäre, wenn Gott ohne jeden
Schatten des Zweifels tatsächlich existiert?**

Würde das einen Unterschied machen? Spielt es eine Rolle? Würde es sich spürbar auf unsere irdische Erfahrung auswirken?

Ja. Würde die ganze Welt ohne Wenn und Aber daran glauben, dass eine Höhere Macht existiert, aus der das Leben auf Erden hervorging, entstünde dadurch ein allgemein akzeptierter Kontext, eine heilige oder theologische Grundlage, auf der sich gemeinsame Grundwerte der Menschheit formulieren ließen.

Heute beruht das Verhalten unserer Spezies nicht auf gemeinsamen Werten, sondern es herrscht diesbezüglich ein großes Durcheinander.

Manche Leute glauben, dass mit dem Tod bestraft werden sollte, wer seine Religion aufgibt. Andere dagegen sind der Ansicht, dass jene mit dem Tod bestraft werden müssen, die den mit dem Tod bestrafen, der seine Religion aufgibt.

Manche Leute glauben, dass der Lebenssinn darin besteht, Gott zu gefallen und dafür in den Himmel zu kommen. Andere dagegen glauben, im Leben gehe es keineswegs darum, Gott zu gefallen, während wieder andere glauben, dass es überhaupt keinen Gott gibt, dem man gefallen könnte.

2. These

Manche Leute glauben, dass alle Seelen, die nicht an die Eine Wahre Religion glauben, in die Hölle kommen, während andere glauben, dass alle Seelen, die mit ehrlichem, reinem Verlangen Gott suchen, nicht in die Hölle müssen, während wieder andere glauben, dass es überhaupt keine Hölle gibt, geschweige denn einen Gott, der Menschen dorthin schickt.

Manche Leute glauben, Gut und Böse würden von Gott definiert, während andere glauben, dass Gott das Handeln der Menschen nicht nach solchen Begriffen bewertet, während wieder andere glauben, es gäbe überhaupt kein göttliches Wesen, das menschliches Verhalten beobachtet und sanktioniert.

Manche Leute glauben, es stünde im Einklang mit Gottes Gesetz, Menschen für bestimmte Verbrechen mit dem Tod zu bestrafen oder sie zu töten, um »den Glauben zu verteidigen«. Andere hingegen glauben, dass das Töten von Menschen niemals im Einklang mit Gottes Gesetz steht. Wieder andere glauben, dass es ein göttliches Gesetz gar nicht gibt, geschweige denn einen Gott, der es verkünden könnte.

Ohne einen gemeinsamen Glauben an ein göttliches Wesen und eine übereinstimmende Vorstellung davon, welche Eigenschaften dieses Wesen hat, können wir uns noch nicht einmal darüber einigen, welchen Sinn unser Dasein hat, welche Erfahrungen – wenn überhaupt – auf den Tod folgen, und wir haben keine Grundlage für unsere großen Lebensentscheidungen (weder als Einzelne noch als Gesellschaft insgesamt).

GOTTES BOTSCHAFT AN DIE WELT

Vom Anbeginn der Zeit hat Gott uns gesagt, und von Tag zu Tag zeigt es sich deutlicher, **dass jene Teile der alten überlieferten Geschichte der Menschheit, die Zweifel säen, ob es im Universum überhaupt eine Höhere Macht gibt, schlichtweg falsch sind.**

Es ist völlig in Ordnung, wenn wir diese alte Lehre aufgeben und damit aufhören, sie ständig aufs Neue uns und unseren Kindern zu erzählen.

Gott existiert.

Es besteht nicht der geringste Grund, daran zu zweifeln.

Gott existiert.

Zwar denken viele Leute, Wissenschaft und Spiritualität schlössen einander aus, doch der größte wissenschaftliche Denker unserer Zeit, Albert Einstein, sagte: »Ich glaube an Spinozas Gott, der sich in der Harmonie des Seienden offenbart, nicht an einen Gott, der sich mit Schicksalen und Handlungen der Menschen abgibt.«

Auf die Frage von David Ben Gurion (dem Gründer und ersten Premierminister Israels), ob er an Gott glaube, soll Einstein geantwortet haben, dass *es etwas hinter der Energie geben muss*. Und immerhin hatte Einstein ja eine die Welt verändernde Formel über Energie und Masse gefunden und vorgeschlagen!

Darum lohnt es sich, noch einmal zu betonen:

Gott existiert ohne jeden Zweifel.

2. These

Albert Einstein sagte auch: »Ich kann mir keinen Gott vorstellen, der die Objekte seiner Schaffung belohnt oder bestraft, dessen Zweck ein Vorbild für unsere eigenen Zwecke ist – also kurz gesagt, ein Gott, der nur die Widerspiegelung der menschlichen Unzulänglichkeiten darstellt.«

Können wir uns darauf einigen? Gott wurde nicht nach dem Ebenbild des Menschen geschaffen.

Wer oder was ist dann Gott?

Die folgende Analogie kann uns helfen, diese uralte Frage zu beantworten.

Im einundzwanzigsten Jahrhundert findet die Wissenschaft immer mehr über das heraus, was sie »Stammzellen« nennt. Diese werden als undifferenzierte biologische Zellen beschrieben, die sich zu spezialisierten Zellen ausdifferenzieren und sich teilen können, um weitere spezialisierte Zellen zu produzieren.

Wenn man sie im noch nicht ausdifferenzierten Zustand dem menschlichen Körper entnimmt, kann man sie im Labor dazu »überreden«, die spezialisierte Identität *jeder Zelle des menschlichen Körpers* anzunehmen. Daher können sie jeden Teil aller Körperorgane regenerieren – von Gehirnzellen über Lungengewebe und Herzmuskelgewebe bis zu den Haarbälgen auf Ihrem Kopf. Das hat, unter dem losen Oberbegriff der Nanobiotechnologie, zu einem völlig neuen Zweig der Medizin geführt.

Warum ich das hier zur Sprache bringe?

Wenn die »Natur« all das innerhalb des stark begrenzten Rahmens eines einzelnen menschlichen Körpers tun kann, was könnte dann ein Tropfen der Urkraft der wesenhaften

Essenz im unendlichen Rahmen des gesamten Kosmos bewirken?

Zeigen uns die menschlichen Stammzellen auf der mikroskopischen Ebene etwas über das Leben im Makrobereich? Könnte Gott gewissermaßen *die Stammzelle des Universums* sein, die zu unendlicher Ausdifferenzierung fähig ist?

Überlegen Sie einmal: Die Kosmologen sagen uns, dass unser Universum nur eines von unendlich vielen ist. Mit anderen Worten: So unermesslich groß unser Universum uns erscheinen mag, könnte es trotzdem nur ein Fleckchen in einem Universum der Universen sein.

Oder anders ausgedrückt leben wir möglicherweise nicht in einem *Uni*versum, sondern in einem *Multi*versum.

Das würde unsere Erde zu einem unendlich winzigen Pünktchen in einem Sonnensystem machen, das ein unendlich winziges Pünktchen in einer Galaxie in einem Quadranten eines Kosmos ist, der ein unendlich winziges Pünktchen ist, das ein unendlich winziges Pünktchen in einem unendlichen Universum ist.

Können wir da noch bezweifeln, dass es »etwas« hinter diesem großartigen Multiversum gibt, von dem es aufrechterhalten wird und hervorgebracht wurde? Wäre es nicht logischer, davon auszugehen, dass hinter den Wirkungen des physikalischen Kosmos eine Ursache existiert? Und wäre es vollkommen unvernünftig, diese erste Ursache »Gott« zu nennen?

2. These

Interessanterweise hat die Wissenschaft Beweise für eine außergewöhnliche *Intelligenz* entdeckt, die auf der zellulären und sogar der submolekularen Ebene in allen Lebensformen gegenwärtig ist. Das Leben scheint *zu wissen, was es tut*, und tut es gezielt, methodisch, beständig und vorhersagbar. Selbst Unbeständigkeit lässt sich vorhersagen (siehe das Heisenbergsche Unschärfeprinzip).

Darüber hinaus gibt es die relativ neue Entdeckung des *Beobachtereffekts* in der Quantenphysik. Demnach wird »alles Beobachtete von dem, der es beobachtet, beeinflusst«.

Daraus folgt, dass es in jenem System, das wir »Leben« nennen, drei Elemente gibt: Intelligenz, Design und Energie. Welchen Aspekt des Lebens wir auch betrachten – sei es auf der Mikro-Ebene der submolekularen Welt oder der Makro-Ebene des Kosmos –, stets liegt der Schluss nahe, dass die physikalischen Manifestationen einfach viel zu komplex, ineinander verwoben und auf wunderbare Weise interaktiv sind, um aus reinem Zufall entstanden sein zu können.

Es erscheint klar, dass die Strukturen des Lebens weder »zufällig« noch »spontan« durch den Lebensprozess entstanden sein können, sondern die sich in ihnen offenbarende Intelligenz und Macht *hinter* diesem Prozess stehen. Sie müssen sein Ursprung und seine Quelle sein.

3. These

Gott existiert und ist ein übermenschliches männliches Wesen

Noch ein Missverständnis über Gott.

Selbst wenn die meisten Menschen sich darüber einig sind, dass Gott existiert, herrscht Uneinigkeit bezüglich Natur und Gestalt, Essenz und Qualität, Konstitution und Charakter dieses Wesens namens »Gott«.

Die vermutlich am weitaus häufigsten anzutreffende religiöse Doktrin besagt, dass Gott ein übermenschliches männliches Wesen sei. Es weise einerseits menschliche Wesenszüge und Neigungen (Zorn, Liebe, Voreingenommenheit usw.) auf, andererseits sei es aber mit Weisheit, Macht und Fähigkeiten ausgestattet, die jenen des Menschen enorm überlegen sind.

In manchen uralten spirituellen Traditionen, die vor den organisierten Religionen entstanden, wurde das Göttliche als weibliche Gottheit dargestellt. Zwar wird dieses Gottesbild bis heute in bestimmten spirituellen Bewegungen vertreten und für wahr gehalten, doch am weitesten verbreitet ist die Vorstellung eines männlichen Gottes.

Jetzt kommt das große *Was wäre, wenn* ...

Was wäre, wenn Gott weder männlich noch weiblich ist – und noch nicht einmal ein menschenähnliches Superwesen?

Würde das einen Unterschied machen? Spielt es eine Rolle? Würde es sich spürbar auf unsere irdische Erfahrung auswirken?

Ja. Zuerst einmal würde es einer Geschichte den Boden entziehen, die überall auf der Welt eine große Rolle spielt – die Geschichte von der Überlegenheit des Mannes.

Es ist kein Zufall, dass die meisten großen Religionen immer noch von Männern geleitet werden. Es ist ebenfalls kein Zufall, dass die weltgrößte Religion, die zugleich auch eine der am schnellsten wachsenden Religionen ist, noch im Jahr 2014 Frauen den Zugang zum Priesteramt verwehrt. Es ist auch kein Zufall, dass Männer – von wenigen Ausnahmen abgesehen – immer noch in Konzernen und der Finanzwelt den Ton angeben. Es ist kein Zufall, dass bis zum heutigen Tag Männer die globale politische Szene bestimmen.

Es ist kein Zufall, dass selbst in der Medizin, der Wissenschaft und an den Universitäten die Zahl der Männer an den einflussreichen Schnittstellen der Macht viel größer ist als die der Frauen.

Und es ist schließlich kein Zufall, dass Frauen, wenn sie doch in einflussreiche Positionen aufsteigen, auch heute noch häufig schlechter bezahlt werden als ihre männlichen Konkurrenten, obwohl sie die gleiche Arbeit tun.

3. These

Würden wir uns Gott als nicht männlich vorstellen, wären wir viel eher bereit, unserer Vorstellung von Macht, Glanz und Gloria auch feminine Züge zuzuerkennen und nicht nur maskuline. Unser Gottesbild würde sich nicht auf einen Mann mit wallenden weißen Haaren und wallendem weißem Bart in einer wallenden weißen Robe beschränken. Stellen Sie sich eine illustrierte Ausgabe der Bibel mit einer Göttin darin vor! Was würde *das* unseren Kindern sagen?

Und was wäre, wenn wir uns Gott überhaupt nicht als Person vorstellen? Was wäre, wenn wir uns völlig von der Vorstellung Gottes als männlich *oder* weiblich lösen würden? Was wäre, wenn wir die Idee als Wahrheit akzeptieren würden, dass Gott überhaupt keine übergroße Version eines menschlichen Wesens ist, keine »Person« in irgendeinem Sinne. Würden unsere Art und Weise, global Spiritualität zum Ausdruck zu bringen, und unsere tägliche religiöse Erfahrung sich dadurch verändern?

Zweifellos würde sich die Vater/Kind-Interaktion der meisten Menschen, die an Gott glauben, dadurch verändern. Unsere Vorstellung von einer wahrhaftigen Beziehung zum Göttlichen würde sich tief greifend verändern.

Unsere ganze Vorstellung, wie wir das, was wir wollen, von Gott bekommen (wenn wir dann überhaupt noch glauben, dass so etwas möglich ist), würde dadurch ebenso verändert wie unsere ganze Idee, was Gott will oder braucht, fordert oder befiehlt. Und *das* würde auf einen Schlag das menschliche Verhalten so stark verändern, dass unsere Spezies sich vermutlich nicht mehr wiedererkennen würde.

Wir würden, kurz gesagt, zu einer anderen Spezies werden,

nicht nur was unser Benehmen angeht, sondern auch im Hinblick auf unsere Absichten und Ziele und darauf, wie wir »Erfolg« messen, beten und mit Gott interagieren und wie wir uns im großen Plan der Dinge verorten.

Für die überwiegende Zahl der Menschen (denn nur eine kleine Minderheit hat diesen Prozess bereits begonnen) würde die Suche nach einer Definition Gottes dann wieder ganz von vorn beginnen. Unser ganzer Umgang mit dem Göttlichen müsste überdacht und geändert werden.

Vielleicht fühlen sich viele von uns ja von einer so massiven Umstrukturierung eines so wesentlichen Teils der menschlichen Erfahrung überfordert, vermeiden deshalb diese neue Suche völlig und bleiben für immer im selben alten Ort »stecken«, was unser Verständnis des Göttlichen angeht.

Was auch immer der Grund sein mag, es ist fraglich, ob wir uns selbst etwas Gutes tun, wenn wir an Ideen über Gott festhalten, die Tausende von Jahren alt sind.

Gottes botschaft an die welt

Vom Anbeginn der Zeit hat Gott uns gesagt, und von Tag zu Tag zeigt es sich deutlicher, **dass die alte überlieferte Geschichte der Menschheit über einen Gott als übermenschliches männliches Wesen schlichtweg falsch ist.**

Es ist völlig in Ordnung, wenn wir diese alte Lehre aufgeben und damit aufhören, sie ständig aufs Neue uns und unseren Kindern zu erzählen.

3. These

Gott ist offensichtlich (einige von uns finden es nicht so offensichtlich) kein Supermann im Himmel, der auf einem Thron sitzt und die zahllosen täglichen Aktivitäten der Menschen überwacht, sich unsere zahllosen Gebete anhört, manche erhört, andere nicht, und der über zahllose Seelen bei deren Tod zu Gericht sitzt, manche belohnt und manche bestraft.

Gott ist weder von männlicher noch von weiblicher Gestalt. Er ist kein Wesen, das einerseits über Wesenszüge und Vorlieben eines Menschen verfügt, andererseits aber übernatürliche Fähigkeiten besitzt. Eine solche Vorstellung von Gott ist stark vereinfacht.

Aber was ist Gott dann? Manche sagen, wir Menschen könnten das unmöglich wissen. Das stimmt nicht. Man kann Gott kennen und erfahren. Gott kommuniziert unmittelbar mit uns, das haben die Gründer unserer Religionen bewiesen, und wir können unmittelbar mit Gott kommunizieren – das sagen uns alle Religionen, die an die Macht von Gebeten glauben.

Man kann Gott kennen und erfahren.

Und was teilt Gott selbst den Menschen mit, was Göttlichkeit ist: Gott ist die wesenhafte Essenz, die alles durchdringt, die ursprüngliche Quelle unendlicher Intelligenz und die Urkraft der grenzenlosen Schöpfung. Gott ist zugleich Schöpfer und Schöpfung, eine reine Energie, die auf sich selbst einwirkt.

Er ist die erste Ursache. Er ist jede Wirkung. Er ist der Sitz aller Weisheit, der Quell aller Wünsche, der Ursprung aller Macht und der gesamten Realität.

Mit einem Wort: Er ist Liebe.

Seine Weisheit ist aktiviert, sein Begehren ist erfüllt, seine Macht ist demonstriert, und seine Realität ist vollkommen und großartig manifestiert durch die *Erfahrung* und den *Ausdruck* der Liebe.

Besitzt diese wesenhafte Essenz, die wir »Gott« nennen, eine Persönlichkeit?

Ja.

~

Gottes Größe und Gottes Glanz bestehen in Gottes Formlosigkeit. Das bedeutet jedoch nicht, dass Gott keine »Persönlichkeit« besitzt, zu der wir beten und mit der wir interagieren können. Tatsächlich bedeutet es das genaue Gegenteil.

Es ist Gottes wesenhafte Formlosigkeit, die es Gott erlaubt, jederzeit jede Form anzunehmen, die dem Zweck der göttlichen Liebe dient.

Daher kann Gott die Energie einer Vaterfigur annehmen, er kann tröstende Mutter, loyaler Freund, mitfühlender Beichtvater, geduldiger Lehrer und treuer, intimer Geliebter und Partner sein.

Wir sehen also: Die Tatsache, dass Gott kein Supermensch ist, bedeutet nicht, dass wir niemanden mehr haben, zu dem wir beten oder eine persönliche Beziehung unterhalten können. Ganz im Gegenteil: Gott kann für alle alles sein. Wenn wir einen persönlichen Gott wollen, zu dem wir beten können, einen Gott, der für uns wie ein Vater oder eine Mutter ist und bei dem wir Rat finden können, oder einen mächtigen Gott, bei dem wir Fürsprache einlegen können, kann und wird Gott alle diese Rollen für uns ausfüllen.

Gott ist alles für alle, weil Gott alles *in* allen Menschen ist.

Gott ist *das Leben selbst*. Und damit ist er die Manifestation der Liebe in physikalischer Form. Jede Manifestation des Lebens ist eine Manifestation der Liebe. Aufgrund unserer begrenzten Wahrnehmung mag es uns anders erscheinen, aber es ist gewiss und ewig wahr. (In Kapitel *Und noch zwei Dinge müssen angesprochen werden* schauen wir uns genauer an, warum und wie das wahr sein kann.)

4. These

Gott verlangt Gehorsam

Noch ein Missverständnis über Gott.

Schauen wir uns nun den persönlichen *Charakter* dieser reinen Energie namens Gott an, dieser wesenhaften Essenz, die in jede Gestalt schlüpfen und jede Persönlichkeit annehmen kann, diese Quelle höchster Intelligenz und absoluter Macht.

Wie wir bereits bemerkten, glaubt der überwiegende Teil der Weltbevölkerung an die Existenz Gottes. Die Frage ist nur: An was für einen Gott glaubt er?

Die überwiegende Mehrheit glaubt an Gott als männliches Superwesen, *das Gehorsam verlangt.*

Sie glaubt außerdem, dass Gott verurteilt, verdammt und bestraft, wenn Seine Forderungen nicht erfüllt werden.

Jetzt kommt das große *Was wäre, wenn ...*

**Was wäre, wenn Gott nichts verlangt,
nichts verurteilt und nichts bestraft?**

Würde das einen Unterschied machen? Spielt es eine Rolle? Würde es sich spürbar auf unsere irdische Erfahrung auswirken?

Ja. Im Namen Gottes wurde mehr Gewalt, mehr Brutalität, mehr Mord und Totschlag verübt als unter jeder anderen Flagge. Würde die ganze Welt glauben, dass Gott nichts fordert, nichts verurteilt und nichts bestraft, würde sich die spirituelle Grundlage jener Selbstgerechtigkeit in Luft auflösen, die den ungeheuerlichsten und schädlichsten menschlichen Verhaltensweisen zugrunde liegt, sie rechtfertigt und motiviert.

Würde man von nun an sagen, dass Verurteilung und Bestrafung nicht Teil von Gottes Königreich sind, würde das Fundament des gesamten Justizsystems der Menschheit erschüttert. Viele Gesetze in vielen Ländern müssten umgeschrieben oder aufgehoben werden.

Zudem würden vielen unserer kulturellen Normen, Sitten und Verbote der Boden entzogen. Es gäbe keine Begründung mehr für ihre Aufrechterhaltung.

Nirgendwo zeigt sich das deutlicher als bei der gleichgeschlechtlichen Ehe. Einst galt die Heirat mit Angehörigen anderer Religion oder Hautfarbe als Verstoß gegen »Gottes Gesetz« – heute ist sie ein allgemein akzeptierter Ausdruck der Liebe (außer bei manchen muslimischen Sekten und anderen ultrafundamentalistischen Religionsgemeinschaften, siehe Kapitel *Geben wir es ruhig zu: Wir haben uns auch früher schon geirrt*). Genauso wird auch die gleichgeschlechtliche Ehe eines Tages als vollkommen angemessen zwischen zwei Menschen gelten, die einander lieben. Das wird dann eintreten, wenn die gesamte Menschheit sich von der Vorstellung befreit, dass irgendeine Ausdrucksform wahrer Liebe gegen Gottes Gebote verstößt.

4. These

Wenn es gar keine göttlichen Gebote gibt, dann können wir nicht länger im Namen des Herrn unsere Mitmenschen misshandeln, töten, bestrafen, verurteilen und unterdrücken. Das würde einen ganzen Berg von Rechtfertigungen für einen riesigen Katalog von Grausamkeiten auslöschen.

Die Frage ist, ob damit auch ein moralischer Kompass aus der Erfahrung der Menschheit entfernt würde, von dem unsere Spezies bislang abhängig war? Wie würde unser neuer moralischer Kompass aussehen?

Gottes botschaft an die welt

Vom Anbeginn der Zeit hat Gott uns gesagt, und von Tag zu Tag zeigt es sich deutlicher, **dass die alte überlieferte Geschichte der Menschheit über einen Gott, der fordert und befiehlt, schlichtweg falsch ist.**

Es ist völlig in Ordnung, wenn wir diese alte Lehre aufgeben und damit aufhören, sie ständig aufs Neue uns und unseren Kindern zu erzählen.

Gott fordert und befiehlt nichts. Er hat nämlich *gar keinen Grund*, etwas zu fordern oder zu befehlen. Und zwar deshalb, weil Gott nichts braucht.

Gott »braucht« keine Erfahrung – emotional, physisch oder spirituell –, weil Gott die *Quelle* aller Erfahrungen ist, die Gott machen könnte. Wie kann die *Quelle von allem* irgendetwas brauchen? Und wenn sie nichts braucht, warum sollte sie dann irgendetwas fordern oder befehlen?

Keine unserer Verhaltensweisen, zum Beispiel unser Gehorsam gegenüber Gott, könnte Gott zu einer Erfahrung verhelfen, die Gott nicht haben könnte, ohne dass wir dieses Verhalten zeigen. Anders ausgedrückt, Gott ist nicht davon abhängig, dass *wir* Gottes nicht existierenden Bedürfnisse befriedigen.

Es gibt daher keinen Grund, an einen Gott zu glauben, der über die Abwesenheit einer Verhaltensweise so ungehalten ist, dass er uns dafür schrecklich und ewig bestrafen würde.

Gott ist Liebe, und diese Liebe ist nicht an Bedingungen oder Einschränkungen geknüpft. Sie beruht nicht auf Gegenleistung und würde uns von Gott niemals entzogen werden, weil er so zornig wäre, dass er uns auf ewig verdammt – und zwar aus dem einfachen Grund, dass Gott niemals derartig zornig (oder überhaupt wütend) werden würde.

Nun sagen manche Leute, dass Gott nicht aus dem Grund fordert oder befiehlt, weil Gott etwas braucht, sondern weil *wir* etwas brauchen. Genauer gesagt würden wir nämlich Anweisungen, Belehrungen und Gebote brauchen, damit wir nicht Amok laufen und unser Leben funktioniert.

Dies beruht auf der Vorstellung, dass wir von Natur aus ohne Gebote und Anweisungen nicht wüssten, wie wir uns verhalten sollen – oder dass wir dann gar nicht bereit oder in der Lage wären, uns auf eine Weise zu verhalten, die unser dauerhaftes Überleben ermöglichen würde.

4. These

Manche behaupten, es läge »in der Natur des Menschen«, sich unverantwortlich und zügellos, egoistisch und sogar gewalttätig zu verhalten. Nur Gottes Gebote und Verbote – und die Androhung der Strafe Gottes – würden uns davon abhalten, völlig selbstsüchtig und selbstzerstörerisch zu handeln.

Als Konsequenz daraus wurde die Bestrafung zum Grundprinzip für alle Gesetze und staatlichen Regelungen zur Begrenzung menschlichen Verhaltens, von Ampeln über Tempolimits zu Auszeichnungsvorschriften für Produkte, Sanitärvorschriften, die eingehalten werden müssen, und Arbeitsplatzstandards, die befolgt werden sollten.

Die konventionelle Weisheit sagt, dass ohne diese und andere Verhaltensvorschriften alle tun würden, was ihnen gefällt, niemand geschützt wäre und überall die Leute zu Opfern der Rücksichtslosen und Skrupellosen würden.

Doch sind Menschen wirklich unfähig, sich selbst zu regulieren?

Die Antwort ist ein klares Nein.

Alle Menschen verfügen über die angeborene Fähigkeit, ihr eigenes Verhalten so zu steuern und anzupassen, dass sie niemanden schädigen und zugleich ein Maximum an positiven Resultaten für den Einzelnen und das Kollektiv hervorbringen. Wir müssen uns nur dazu entscheiden, Gebrauch von dieser angeborenen Fähigkeit zu machen. Ironischerweise wird in uns der Wunsch nach solchem Verhalten gerade durch die *Abwesenheit* von Regeln und Vorschriften geweckt – ob von Gott oder anderen Instanzen.

Gott versteht das. Deshalb hat Gott der Menschheit den freien Willen als größtes Geschenk gegeben. Freiheit ist die fundamentale Natur des Göttlichen. Und Gott weiß, dass die Menschheit immer im besten Interesse der Menschheit handeln wird, sobald dieses beste Interesse einmal klar definiert ist.

Ein wunderbares Beispiel hierfür ist der Kreisverkehr am Arc de Triomphe in Paris. Es gibt dort keine Fahrspuren, Ampeln und Vorfahrtsregeln, und kein Polizist dirigiert den endlosen und raschen Strom der Autos.

Jeden Tag umkreisen dieses Baudenkmal Tausende Autofahrer in einem hektischen Gewirr aus Blech und Reifen – und sie müssen nicht durch Gesetze oder Vorschriften gezwungen werden, die Vorfahrt zu gewähren, zu bremsen, ehe sie zusammenstoßen, oder zu fahren, wenn andere anhalten. Sie tun es automatisch.

Wenn Sie wissen, was Sie erreichen wollen, wird die geeignete und zu bevorzugende Handlungsweise sofort für Sie klar erkennbar. Deshalb gibt es auf diesem Kreisverkehr weniger Unfälle als dreißig Meter entfernt auf den Champs-Élysées, wo das Vorwärtskommen durch Vorschriften, klar markierte Fahrstreifen und jede Menge Ampeln reguliert wird.

Die Menschheit kann sich auf globaler Ebene nicht klar darüber werden, was das Beste für sie ist, solange sie sich nicht auf globaler Ebene klar darüber wird, welche Ziele sie anstrebt. Genau daran hapert es bislang. Wir sind noch nicht zu gegenseitigem Einverständnis und völliger Klarheit darüber gelangt, was während unserer Zeit auf Erden eigentlich unser Ziel ist. Ist uns das gelungen, wird unser Verhalten sich auf eine Weise selbst modifizieren und regulieren, dass maximale Effektivität die Folge ist.

4. These

Eine Spezies hat dann eine hohe Entwicklungsstufe erreicht, wenn sie zu einer kollektiven Einsicht darüber gelangt ist, worin ihr höchstes und bestes Interesse besteht, basierend auf der gemeinsamen Bewusstheit, was sie erreichen und erleben möchte.

Da wir in der Entwicklung und Evolution der Menschheit noch nicht auf dieser Stufe angelangt sind, stellt sich heute die drängende Frage: Wie gelangen wir dorthin?

Die Antwort lautet: Indem wir unsere alte überlieferte Geschichte darüber, wer wir sind und warum wir leben und was das Wesen und die Motive Gottes sind, ein für alle Mal hinter uns lassen.

Gott hat uns in *Neue Offenbarungen* mitgeteilt, dass wir dafür den Mut aufbringen müssen, fünf gewaltige Schritte zu tun:

Schritt 1:
Akzeptieren, dass einige unserer alten
Vorstellungen von Gott und dem Leben
nicht mehr funktionieren.

Schritt 2:
Akzeptieren, dass es,
was Gott und das Leben betrifft,
etwas gibt, das wir noch nicht verstehen,
durch das sich aber, wenn wir es verstehen,
alles ändern wird.

Schritt 3:
Bereit sein,
Gott und das Leben
in völlig neuem Licht zu sehen,
wodurch sich das Leben auf diesem Planeten
grundlegend verändern wird.

Schritt 4:
Mutig genug sein,
diese neue Sicht Gottes und des Lebens
zu erforschen, und sie, wenn sie
mit unserer inneren Wahrheit im Einklang steht,
in unser Glaubenssystem integrieren.

Schritt 5:
Sich entscheiden, in unserem Leben
die höchsten und edelsten Werte und
Überzeugungen zum Ausdruck zu bringen,
statt sie zu leugnen.

~

Ein *enormer* Wandel im Denken der Menschheit – vielleicht die größte Einladung, die das Leben je dem Leben gemacht hat – wäre es, die folgende spirituell revolutionäre Aussage uneingeschränkt zu akzeptieren:

*Im gesamten Universum kann nichts geschehen,
was gegen den Willen Gottes verstößt.*

4. These

Fast die gesamte menschliche Theologie, buchstäblich jedes Dogma in jeder Religion auf Erden, basiert auf dem genau entgegengesetzten Gedanken: Handlungen, die gegen Gottes Willen verstoßen, sind möglich, sagen unsere Religionen. Das ist das Fundament jeder religiösen Doktrin der Verurteilung, Verdammung und Bestrafung.

Doch ein Verstoß gegen Gottes Willen wäre nur möglich, wenn es etwas im Universum gäbe, das mächtiger als Gott ist. Doch nichts dergleichen existiert, denn Gott ist das All-Eine, Alpha und Omega, Anfang und Ende, die Gesamtsumme von allem.

Wenn also etwas geschieht, geschieht es, weil Gott es nicht daran gehindert hat. Und wenn Gott nicht verhindert hat, dass es geschieht, wie kann man dann sagen, es geschähe gegen Gottes Willen?

Jene, die sagen, Gott *lasse zu*, dass gegen Gottes Willen verstoßen wird und deshalb Menschen Seinem Willen zuwiderhandeln können, verschließen die Augen vor einer einfachen Tatsache: Wenn Gott etwas *zulässt*, dann geschieht es nicht gegen Gottes Willen.

Wenn Gott es nicht wollte, können Sie Ihren kleinen Finger nicht heben. Alles, was geschieht, geschieht demnach, weil Gott es zulässt, denn sonst *könnte* es nicht geschehen.

Die theologische Frage, die sich daraus ergibt, lautet also nicht, ob Gott zulässt – und demnach will – , was geschieht, sondern *warum* er es zulässt.

Die Antwort darauf lautet, dass Gottes größter Wunsch darin besteht, jenen fundamentalen Aspekt des Göttlichen, von dem wir eben gesprochen haben – Freiheit –, in jedem

Augenblick durch jede Manifestation des Göttlichen zum Ausdruck zu bringen. Und weil Gott durch überhaupt nichts verletzt oder geschädigt werden kann, gibt es für Gott keinen Grund, die Freiheit irgendeines seiner Geschöpfe einzuschränken.

Gott hat außerdem keinen Grund, Wesen, die von dieser Freiheit Gebrauch machen, zu verurteilen, zu verdammen oder zu bestrafen. Tatsächlich würde dadurch die Definition der Freiheit selbst verändert. Freiheit würde dann bedeuten: »Du musst tun, was dir gesagt wird, oder du wirst leiden.«

Doch das wäre keine Freiheit.

Freiheit ist Liebe in Aktion. Jede Einschränkung der Freiheit ist eine Abwesenheit von Liebe, denn Liebe kennt dergleichen nicht.

Totale Liebe und absolute Freiheit sind Synonyme und bringen jenes theologische Konzept hervor, das als freier Wille bekannt ist.

Gott hat allen Geschöpfen Gottes dieses Geschenk gemacht, sodass Gott sich selbst das Geschenk machen konnte, uneingeschränkt die Wunder und die Herrlichkeit von allem zu erfahren, was ist. Doch freier Wille wäre offensichtlich *kein* freier Wille, wenn sein Gebrauch unbeschreibliche und nie endende Marter in den Feuern der Hölle nach sich zöge. Würde Gott in solcher Weise mit Gottes größtem Geschenk an die Menschheit umgehen, wäre das ein Hohn auf das Geschenk und den Schenkenden.

Ebenso wäre der freie Wille in einer Umgebung sinnlos, in der es keine Wahlmöglichkeiten gibt. Damit Gott all Seine Wunder, all Seine Herrlichkeit erleben kann, muss das, was

4. These

aus menschlicher Sicht nicht völlig wunderbar und herrlich ist, neben dem völlig Wunderbaren und Herrlichen existieren, um einen *Kontext* zu schaffen, in dem Wunderbares und Herrliches nicht nur erkannt, sondern auch zum Ausdruck gebracht und erlebt werden kann. Daher wurde das physikalische Universum als ein Kontext-Feld erschaffen, in dem Wahlmöglichkeiten bestehen.

Man kann es auch so ausdrücken, dass das Kontext-Feld unseres Universums so existiert, wie es ist, weil in der Abwesenheit dessen, was nicht ist, auch das, was ist, *nicht* ist. Das heißt, es kann nicht erlebt und erfahren werden.

Wenn es keine Dunkelheit gibt, kann Licht nicht erfahren werden. Wenn nichts Kleines existiert, kann Großes nicht erfahren werden. In der Abwesenheit des Dort kann man das Hier nicht erleben. Man kann nur das erleben, von dem auch das gegensätzliche Element vorhanden ist. Man kann theoretisch darum wissen, es aber nicht erfahrbar zum Ausdruck bringen.

Deshalb hat Gott ein Universum erschaffen, in dem Göttlichkeit scheinbar auf ihr Gegenteil trifft. Man glaubt, es mit Dualitäten zu tun zu haben, aber in Wirklichkeit sind es keine.

Ein Beispiel aus unserer physikalischen Realität: Wir bezeichnen etwas als »heiß« oder »kalt«. Scheinbar handelt es sich um die beiden Enden einer Polarität. Doch tatsächlich haben wir es mit *Abstufungen* desselben Phänomens zu tun, das man Temperatur nennt. Es gibt in der Temperatur keine »Dualität«. Es gibt nur die Eine Sache, die auf verschiedene Weise zum Ausdruck gebracht wird.

In gleicher Weise sind alle Manifestationen des Lebens Abstufungen und Variationen jener einen Sache, die man Göttlichkeit nennt.

Und deshalb lädt Gott die menschlichen Individualisierungen des Göttlichen dazu ein, nicht das zu verurteilen oder zu verdammen, was im Widerspruch zu ihrer Göttlichkeit zu stehen scheint. Es geht darum, es einfach als anderen Aspekt des Selbst zu betrachten, als Gelegenheit, Licht ins Dunkle zu bringen, damit sie erkennen, wer sie in Wirklichkeit sind – und damit alle, mit denen sie in Kontakt kommen, auch ihre eigene wahre Natur erkennen, inspiriert durch die leuchtenden Vorbilder.

Wer seine Gedanken, Worte und Handlungen frei wählt, demonstriert damit nicht seinen Gehorsam, sondern dass er Gottes Einladung akzeptiert hat, dem eigenen Selbst in seiner höchsten Form Ausdruck zu verleihen. Im Licht dieser Erkenntnis kann das, was man bislang als *Bürde* betrachtet hat, zur *Freude* werden.

Wenn wir endlich erkennen, dass Gott von uns weder Furcht noch Gehorsam verlangt, wird unser Leben zu einer erhabenen, begeisternden Erfahrung.

5. These

Gott findet uns unvollkommen, aber unvollkommen dürfen wir nicht zu ihm zurückkehren

Noch ein Missverständnis über Gott.

Ein großer Teil der Menschheit glaubt an einen Gott, der ein Gehorsam einforderndes, männliches Superwesen ist und *uns als unvollkommen betrachtet, weil wir ungehorsam waren.*

Manche gehen sogar so weit zu behaupten, wir wären *von Geburt an* unvollkommen, weil schon die *ersten* Menschen ungehorsam gegen Gott gewesen seien.

Von den drei größten Weltreligionen haben zwei – Christentum und Judentum – ihren Mitgliedern jahrhundertelang gesagt, alle menschlichen Seelen seien als Strafe für die »Erbsünde« der ersten Menschen zum Tode verdammt.

Im modernen Judentum ist (im Gegensatz zu den jüdischen Lehren der Talmud-Zeit) kaum noch von der Erbsünde die Rede, während sie im Christentum bis zum heutigen Tag eine wichtige Rolle spielt.

Trotzdem lehren Christentum und Judentum, dass der heutige Mensch unvollkommen ist. In der modernen jüdischen Theologie wird betont, das läge daran, dass die Menschen sich im Laufe ihres Lebens dafür entscheiden, zu sündigen, nicht daran, dass sie sündig auf die Welt kommen. In der christlichen Theologie hält man dagegen immer noch weitgehend daran fest, dass unsere Seele bereits im Zustand der Unvollkommenheit geboren wird. Daraus resultiere dann die Neigung des Menschen, während seines Lebens immer wieder zu sündigen.

Teil dieser Idee ist die von manchen vertretene Auffassung, bekannt als *Traduzianismus*, der zufolge Gott nur eine ursprüngliche Seele erschaffen habe – Adam (Eva soll aus Adams Rippe erschaffen worden sein). Alle anderen Seelen haben ihre Grundeigenschaften und Neigungen von den Eltern und von deren Vorfahren durch einen Prozess geerbt, bei dem die Eigenschaften der Seele von einer Seele zur nächsten weitergegeben werden, von Generation zu Generation.

Wie ist nun die, wie manche sagen, »geerbte« Unvollkommenheit ursprünglich entstanden? Es gibt unterschiedliche Versionen dieser Geschichte, aber in etwa soll sie sich folgendermaßen zugetragen haben:

Den ersten Menschen, Adam und Eva, wurde völlige Freiheit geschenkt. Im Garten Eden war für alle ihre weltlichen Bedürfnisse gesorgt. Gott verlangte nur eine Sache von ihnen: Sie sollten nicht die Frucht vom Baum der Erkenntnis von Gut und Böse essen. Doch genau das taten sie. Eva pflückte einen Apfel und teilte ihn mit Adam. Der Rest, wie man sagt, ist Geschichte.

Ein zorniger Gott vertrieb sie aus dem Paradies. Er soll ihre Kinder und Kindeskinder verflucht haben – bis zum Ende der Zeit. Gott verfluchte ihr ganzes Geschlecht und verdammte

5. These

es zu vererbter Unvollkommenheit und körperlichem Tod – die es in Adams und Evas früherer Wirklichkeit im Paradies nicht gegeben hatte.

So wurden Unvollkommenheit und Tod Teil der Menschennatur.

Jetzt kommt das große *Was wäre, wenn ...*

Was wäre, wenn Gott nie jemanden verfluchte?

Was wäre, wenn niemand in Sünde geboren wurde?

Und was wäre, wenn Gott niemals einen Menschen für unvollkommen hielt und das auch heute nicht tut?

Würde das einen Unterschied machen? Spielt es eine Rolle? Würde es sich spürbar auf unsere irdische Erfahrung auswirken?

Ja. Natürlich würde es das. Zuerst einmal würde es den Menschen die Angst nehmen, dass sie nach dem Tod und dem Verlassen des Körpers etwas »Schlimmes« erwartet.

Solche Sorgen hätten die Menschen überhaupt nicht, wenn ihnen nicht gesagt worden wäre, Gott dulde im Himmel ausschließlich Vollkommenheit. Doch die meisten Religionen beharren auf dieser Idee.

Zum Beispiel heißt es in der Bibel klar und unmissverständlich, dass Gott nur den Vollkommenen Einlass in den Himmel gewährt. Und in Römer 3,23 steht, dass kein Mensch diesen Anspruch erfüllen kann: »Alle haben gesündigt und die Herrlichkeit Gottes verloren.«

Doch selbst wenn wir unser ganzes Leben lang keine Sünde begehen, bleibt noch dieses Schreckgespenst, der Traduzianismus. Wir müssen auch für die von unseren Vorfahren geerbte Unvollkommenheit geradestehen.

Und unser Glaube sagt uns, dass Gott hier keinerlei Spielraum hat. Gesetz ist Gesetz. Im 23. Psalm heißt es zwar: »Gutes und Barmherzigkeit werden mir folgen mein Leben lang, und ich werde bleiben im Hause des Herrn immerdar.« Aber das gilt offenbar nicht nach dem Tod! Dann ist für Barmherzigkeit kein Platz mehr. Gott hat keine Wahl, als jeder unvollkommenen Seele den Eintritt in den Himmel zu verwehren – und da keine Seele sich im Zustand der Vollkommenheit befindet, wird, jedenfalls gemäß manchen religiösen Doktrinen, zunächst allen Seelen der Zutritt verweigert.

Das heißt aber nicht, dass sie *niemals* in den Himmel kommen. Wir haben bereits das sogenannte Fegefeuer erwähnt. Dort werden die Seelen gereinigt, und der Makel ihrer Sünden wird ausgelöscht, indem sie durch Leiden für ihre Sünden bezahlen.

An dieser Stelle muss darauf hingewiesen werden, dass keineswegs in allen Weltreligionen gelehrt wird, die Seele müsse leiden, um für ihre Vergehen zu büßen. Viele lehren, dass Gott uns sofort Einlass in den Himmel gewährt, wenn wir unsere Sünden aufrichtig bereuen. Doch wenn nicht ...

Aber letztlich läuft es stets auf die Behauptung hinaus, dass wir unvollkommene Wesen sind. Wir sollen zitternd und voller Scham vor Gottes Thron in der Hoffnung stehen, dass uns unsere Unvollkommenheiten und Verfehlungen vergeben werden. Wenn wir nicht tun, was nötig ist, um unsere Seelen zu reinigen und zur Vollkommenheit zurückzukehren, jetzt oder im Jenseits (indem wir zum Beispiel durch Leiden im Fegefeuer für unsere Sünden bezahlen), dürfen wir nie wieder nach Hause. So einfach ist das.

Würde die gewaltige Zahl von Menschen (wir sprechen hier über Milliarden), die das für wahr halten, diesen Glauben ändern, wäre unschuldigen Kindern und traurigen Erwachsenen endlich leichter ums Herz. Befreit von Angst, Scham und Schuldgefühlen müssten sie nicht länger unter dem Gefühl leiden, die Heimkehr zu Gott nicht zu verdienen.

Und würde die dritte der oben genannten *Was wäre, wenn*-Fragen als Realität akzeptiert, könnten endlich jene Minderwertigkeitsgefühle geheilt werden, die für einen Großteil des derzeitigen dysfunktionalen Verhaltens, mit dem wir uns selbst und andere schädigen, verantwortlich sind. Es ist klar, dass diese destruktiven Verhaltensweisen dann weitgehend verschwinden würden.

GOTTES BOTSCHAFT AN DIE WELT

Vom Anbeginn der Zeit hat Gott uns gesagt, und von Tag zu Tag zeigt es sich deutlicher, **dass die alte überlieferte Geschichte der Menschheit über einen Gott, der uns für unvollkommen hält und uns deshalb nur Zugang zum Himmel gewährt, wenn wir für unsere Sünden gebüßt haben, schlichtweg falsch ist.**

Es ist völlig in Ordnung, wenn wir diese alte Lehre aufgeben und damit aufhören, sie ständig aufs Neue uns und unseren Kindern zu erzählen.

Wir werden nicht in Sünde geboren, und wir haben auch keine sündigen Neigungen von früheren Generationen geerbt – bis zurück zur allerersten Sünde von Adam und Eva. »Erbsünde« ist ein Produkt religiöser Fantasie. Die Geschichte von Adam und Eva ist ebenfalls eine Fiktion.

Gott hat niemanden aus dem Paradies hinausgeworfen, und Sie müssen nur einen Blick auf die Welt um Sie herum werfen, um festzustellen, dass die Menschen immer noch im Paradies leben. Sie sind dabei, es Stück für Stück zu ruinieren, aber trotz alledem sind Sonnenauf- und -untergänge, der Gleitflug eines Adlers, das Flattern eines Schmetterlings, der Duft von Rose oder Morgentau noch immer unvergleichlich schön. Es gibt nichts Erstaunlicheres als die stille Schönheit eines unerwarteten Schneefalls oder das erwartete Rauschen von Meeresbrandung an einem Sandstrand. Beides sehen wir voller Ehrfurcht, und das sollten wir auch, denn uns ist klar, dass uns etwas wahrhaft Wunderbares geschenkt wird.

Und dies ist nur der Anfang einer langen Liste von Schätzen, die dieses Paradies namens Erde auch in Zukunft für uns bereithalten wird, wenn wir uns bewusst sind, wie kostbar sie sind, und sie vor Raubbau und Zerstörung bewahren.

Die Schönheit dieser Welt wird durch etwas unendlich bereichert, dessen Sie sich vielleicht nicht bewusst sind: *Ihre* Schönheit. Nichts an Ihnen ist unvollkommen. Nichts,

5. These

was Sie je gedacht, gesagt oder getan haben. Es ist alles vollkommen, weil es Teil Ihrer persönlichen Evolution ist – und, in einem größeren Maßstab, Teil der Evolution der Spezies Mensch.

So sind selbst alle »missglückten« Experimente aller Wissenschaftler in allen Laboratorien auf der Welt vollkommen, denn sie sind Schritte auf dem Weg zu wertvollen und nutzbringenden Resultaten … so wie auch alle Rechenfehler und Rechtschreibfehler aller Schulkinder auf der Welt vollkommen sind, denn sie sind Schritte dahin, Bestnoten zu erzielen … und auch die »Fehler« der Menschheit im Ganzen scheinen in den Augen Gottes vollkommen zu sein – Schritte im Evolutionsprozess *des Lebens überall*.

Alles, was je von Menschen gedacht, gesagt oder getan wurde – selbst das Schrecklichste –, ist das Produkt der Unschuld einer noch jungen Spezies, deren Mitglieder es nicht besser wussten. Sie verstanden noch nicht, wie sie das, wonach sie sich sehnten, auf andere Weise erlangen konnten. Sie begriffen noch nicht, wie sie dem entrinnen konnten, was sie vermeiden wollten.

Die Vorstellung, dass erwachsene Menschen diese schrecklichen Dinge aus extremer Unreife getan haben, widerspricht unserer Auffassung vom Erwachsensein. Erwachsene Männer und Frauen sollten doch in der Lage sein, Richtig und Falsch zu unterscheiden. Offensichtlich wurde ihnen nicht beigebracht, dass Töten und Zerstören kein Weg ist, weder ihre ureigensten Ziele, noch *irgendein* Ziel zu erreichen. Wir gehen davon aus, dass sie es besser wissen müssten, weil wir Menschen uns gerne als hoch entwickelte Lebewesen betrachten. Dabei ist die Menschheit gerade erst den Kinderschuhen entwachsen.

In ihrem Buch *New World New Mind* rücken Robert Ornstein und Paul Ehrlich dies auf verblüffende Weise in die richtige Perspektive:

> Nehmen wir an, die Erdgeschichte würde auf dem Kalender eines einzigen Jahres eingezeichnet, sodass sich an Mitternacht des 1. Januars die Geburt der Erde ereignet hätte und die Gegenwart um Mitternacht des 31. Dezember stattfände. Jeder Tag dieses »Erdenjahres« stünde für zwölf Millionen Jahre tatsächlicher Geschichte. In diesem Maßstab würde die erste Lebensform, ein einfaches Bakterium, irgendwann im Februar auftauchen. Komplexere Lebensformen kommen erst viel später. Die ersten Fische erscheinen um den 20. November. Die Dinosaurier treten erstmalig am 10. Dezember in Erscheinung und verschwinden am ersten Weihnachtstag wieder. Die ersten unserer als Menschen erkennbaren Vorfahren würden erst am *Nachmittag des 31. Dezember* auftauchen. Der Homo sapiens – unsere Spezies – erschiene am 31. Dezember gegen 23.45 Uhr auf der Bildfläche ... und die gesamte aufgezeichnete Menschheitsgeschichte würde sich *in der letzten Minute des Jahres abspielen*.

5. These

Sie sehen also, dass wir eine ausgesprochen junge Spezies sind. Da überrascht dann unsere Unreife nicht.

Und so haben wir Gewalt angewendet, um Resultate zu erzielen, bei denen wir sicher waren, dass sie die Gewalt rechtfertigten (selbst wenn das den Tod von Millionen Männern, Frauen und Kindern bedeutete).

Und so haben wir Herrschaft ausgeübt – manchmal grausame, herzlose Herrschaft – um Resultate zu erzielen, die wir als wünschenswert betrachteten (selbst wenn ganze Bevölkerungsgruppen oder Nationen dafür unbarmherzige Unterdrückung, Verfolgung und Misshandlung erdulden mussten).

Und so haben wir uns egoistisch verhalten, um den Wohlstand zu erlangen, den wir zu verdienen glauben (selbst wenn in dem globalen Wirtschaftssystem, das wir unterstützen, Millionen andere ohne diesen Wohlstand auskommen müssen).

Und so haben wir uns in oft erschreckend selbstgerechter Weise ein Selbstwertgefühl aufgebaut, das wir zu verdienen glauben (während wir anderen sagen, dass sie minderwertig seien und von Gott zu ewigen Höllenqualen verurteilt werden würden).

～

Diese kindischen Verhaltensweisen betrachtet Gott als die ungezügelten, irrationalen Wutausbrüche einer noch unerleuchteten, aber gefühlsbegabten Spezies in einem frühen, primitiven Stadium ihres Reifeprozesses.

Einfach ausgedrückt, Gott versteht die Natur des Menschen vollkommen. So, wie wir einen Dreijährigen verstehen können, der so unbedingt den Schokoladenkuchen möchte, dass er die Milchkanne umstößt, versteht Gott völlig, dass manche von uns tun, was sie tun, um das zu erlangen, was sie sich so sehr wünschen.

Sogar dass wir überhaupt Wünsche haben, wird von manchen moralisierenden Leuten als »falsch« bewertet, so, wie man es für »falsch« halten könnte, dass ein Kind mehr Schokoladenkuchen möchte als sein Schwesterchen oder Brüderchen. Gemäß unserem menschlichen Wertesystem sollte das Kind nicht mehr wollen als die anderen. Und sicher wird es für »falsch« gehalten, wenn das Kind versucht, aggressiv seinen Willen durchzusetzen. Doch verstehen kluge Eltern die noch unreifen Wünsche ihres Kindes und kämen niemals auf die Idee, es zur Strafe für seine ganze restliche Kindheit einzusperren.

Gott sieht uns so, wie wir unsere Kinder sehen: im Prozess der Reifung und des Erwachsenwerdens und zugleich doch ganz und heil und vollkommen, so wie wir jetzt im Moment sind. Es gibt nichts, was wir sein, sagen oder tun müssen, um die Liebe unseres Schöpfers zu erringen. Er liebt uns auch, wenn wir uns danebenbenehmen. Wir müssen uns unsere Heimkehr in den Himmel nicht durch besondere Qualifikationen verdienen. *Dass es uns gibt*, genügt als Qualifikation. Mehr braucht es nicht.

Diese Botschaft ist so wichtig, dass ich sie wiederhole:

Wir müssen uns unsere Heimkehr in den Himmel nicht durch besondere Qualifikationen verdienen. Dass es uns gibt, genügt als Qualifikation. Mehr braucht es nicht.

5. These

Für Wesen, die darauf konditioniert wurden, dass Gerechtigkeit nur durch Verurteilung und Bestrafung – unter Umständen gar die Todesstrafe – hergestellt werden kann, ist das schwer zu glauben und zu akzeptieren.

Denken Sie daran, dass Menschen bis heute an der völlig unreifen und infantilen Idee festhalten, ein Präventivschlag mit Massenvernichtungswaffen sei der richtige Weg, um einem anderen Land zu vermitteln, dass Massenvernichtungswaffen etwas Schlechtes sind.

Denken Sie daran, dass Menschen bis heute an der völlig unreifen und infantilen Idee festhalten, das Propagieren einer Religion, die Intoleranz lehrt, sei der richtige Weg, um der Welt zu vermitteln, dass Intoleranz etwas Schlechtes ist.

⁓

Ein Gott der bedingungslosen Liebe ist für eine Spezies kaum vorstellbar, die immer noch nicht gelernt hat, sich selbst genug zu lieben, um ihr selbstzerstörerisches Verhalten aufzugeben.

Wir können einfach nicht glauben, dass Gott uns vergibt, was wir einander nicht vergeben können.

Dennoch wird Gott uns auch dann wieder zu Hause willkommen heißen, wenn wir während unseres Aufenthalts auf Erden Dinge getan haben, die wir selbst oder andere wahrhaft entsetzlich finden.

Es gibt einige gute Grunde dafür, dass dies wahr ist. In den folgenden Kapiteln werden wir uns diese Gründe näher anschauen und gleichzeitig die irrigen Vorstellungen der

Menschen von Gott weiter untersuchen. Zunächst einmal bitte ich Sie, die folgende Geschichte zu lesen, die Jesus uns hinterlassen hat. Höchstwahrscheinlich kennen Sie sie bereits, aber lesen Sie sie bitte trotzdem:

Ein Mann hatte zwei Söhne. Der jüngere von ihnen sagte zu seinem Vater: »Vater, gib mir das Erbteil, das mir zusteht.« Da teilte der Vater das Vermögen auf.

Nach wenigen Tagen packte der jüngere Sohn alles zusammen und zog in ein fernes Land. Dort führte er ein zügelloses Leben und verschleuderte sein Vermögen. Als er alles durchgebracht hatte, kam eine große Hungersnot über das Land, und es ging ihm sehr schlecht.

Da ging er zu einem Bürger des Landes und drängte sich ihm auf; der schickte ihn aufs Feld zum Schweinehüten. Er hätte gern seinen Hunger mit den Futterschoten gestillt, die die Schweine fraßen; aber niemand gab ihm davon.

Da ging er in sich und sagte: »Wie viele Tagelöhner meines Vaters haben mehr als genug zu essen, und ich komme hier vor Hunger um. Ich will aufbrechen und zu meinem Vater gehen und zu ihm sagen: ›Vater, ich habe mich gegen den Himmel und gegen dich versündigt. Ich bin nicht mehr wert, dein Sohn zu sein; mach mich zu einem deiner Tagelöhner.‹«

Dann brach er auf und ging zu seinem Vater. Der Vater sah ihn schon von Weitem kommen, und er hatte Mitleid mit ihm. Er lief dem Sohn entgegen, fiel ihm um den Hals und küsste ihn. Da sagte der Sohn: »Vater, ich habe mich gegen den Himmel und gegen dich versündigt; ich bin nicht mehr wert, dein Sohn zu sein.«

5. These

Der Vater aber sagte zu seinen Knechten: »Holt schnell das beste Gewand und zieht es ihm an, steckt ihm einen Ring an die Hand und zieht ihm Schuhe an. Bringt das Mastkalb her und schlachtet es; wir wollen essen und fröhlich sein. Denn mein Sohn war tot und lebt wieder; er war verloren und ist wiedergefunden worden.« Und sie begannen, ein fröhliches Fest zu feiern.

Sein älterer Sohn war unterdessen auf dem Feld. Als er heimging und in die Nähe des Hauses kam, hörte er Musik und Tanz. Da rief er einen der Knechte und fragte, was das bedeuten solle.

Der Knecht antwortete: »Dein Bruder ist gekommen, und dein Vater hat das Mastkalb schlachten lassen, weil er ihn heil und gesund wiederbekommen hat.«

Da wurde er zornig und wollte nicht hineingehen. Sein Vater aber kam heraus und redete ihm gut zu. Doch er erwiderte dem Vater: »So viele Jahre schon diene ich dir, und nie habe ich gegen deinen Willen gehandelt; mir aber hast du nie auch nur einen Ziegenbock geschenkt, damit ich mit meinen Freunden ein Fest feiern konnte. Kaum aber ist der hier gekommen, dein Sohn, der dein Vermögen mit Dirnen durchgebracht hat, da hast du für ihn das Mastkalb geschlachtet.«

Der Vater antwortete ihm: »Mein Kind, du bist immer bei mir, und alles, was mein ist, ist auch dein. Aber jetzt müssen wir uns doch freuen und ein Fest feiern; denn dein Bruder war tot und lebt wieder; er war verloren und ist wiedergefunden worden.«

Für mich ist das die wichtigste Geschichte in der ganzen Bibel. Darin wird alles Wesentliche gesagt, was Jesus uns über Gott mitteilen möchte. Aber Jesus wusste, dass die Menschen wirklich große Wahrheiten selten beim ersten Hören verstehen oder gar akzeptieren. Darum hat er diesen Punkt wieder und wieder angesprochen. Zum Beispiel:

Wenn einer von euch hundert Schafe hat und eins davon verliert, lässt er dann nicht die neunundneunzig in der Steppe zurück und geht dem verlorenen nach, bis er es findet?
    Und wenn er es gefunden hat, nimmt er es voll Freude auf die Schultern, und wenn er nach Hause kommt, ruft er seine Freunde und Nachbarn zusammen und sagt zu ihnen: »Freut euch mit mir; ich habe mein Schaf wiedergefunden, das verloren war.«

Sind damit auch die Schlimmsten unter uns gemeint? Die »schwarzen Schafe« unserer menschlichen Familie?
    Ja.
    Und deshalb können wir beruhigt sein. Gott wird uns nicht im Stich lassen, wenn wir uns verirren, und er wird uns nicht seine Tür verschließen, wenn wir endlich nach Hause zurückkehren – ganz gleich, was wir während unserer Abwesenheit getan haben.
    Das Kapitel zu These 16 wartet mit einer großen Überraschung für Sie auf. Sie wird all das in nur fünfzehn Worten klären. Aber blättern Sie jetzt noch nicht dorthin vor, denn die Kapitel dazwischen werden diese fünfzehn Worte in den richtigen Zusammenhang stellen. Sie werden Ihnen viel mehr

bedeuten, wenn Sie sich den Weg dorthin »erlesen«, statt die Seiten dazwischen zu überspringen.

Gleichnisse und Geschichten sind ein Weg, uns eine Idee nahezubringen. Dichtkunst ist ein anderer. Sie umgeht den Verstand und erreicht unmittelbar unser Herz. Das folgende Gedicht habe ich schon in früheren Büchern verwendet und füge es hier wieder ein, weil eine Botschaft wie das oben zitierte Gleichnis gar nicht oft genug wiederholt werden kann, vorausgesetzt, sie ist so wundervoll künstlerisch gestaltet.

Ich kann mich glücklich schätzen, mit der amerikanischen Dichterin Em Claire verheiratet zu sein. Hier ist ihre Version dieser Botschaft:

LANGE AUF SEE

Ich habe das Zuhause vor so langer Zeit verlassen,
dass ich mein eigenes Gesicht nicht wiedererkennen würde.
Ich habe das Boot meines Lebens gebaut
und fuhr hinaus aufs offene Meer,
winkte allen zu, die wussten,
dass das Meer mir alles geben würde,
alles, mit dem ich fertigwerden,
und alles, was mich überfordern würde,
und doch winkten sie mir zu, und ich
fuhr hinaus aufs offene Meer,
im Boot meines Lebens:
aus Seele gebaut, vom Herzen geformt;
mit großer Unschuld
ruderte ich hinaus aufs offene Meer;

ich habe mein Zuhause vor so langer Zeit verlassen,
dass ich mein Gesicht nicht wiedererkennen würde,
aber ich weiß, dass das Zuhause
zu Hause
sich an mich erinnert.

(Aus dem Buch und der CD Home Remembers Me,
erhältlich über www.EmClairePoet.com)

6. These

Gott verlangt von uns, an ihn zu glauben und ihn auf eine bestimmte Art anzubeten

Noch ein Missverständnis über Gott.

Ein großer Teil der Menschheit glaubt an einen Gott, der ein Gehorsam einforderndes, männliches Superwesen ist und uns als unvollkommen betrachtet, weil wir ungehorsam waren, und der uns sagt, dass wir bei ihm nur Gnade finden (und in den Himmel kommen), *wenn wir bestimmte Anforderungen erfüllen.*

Zu diesen Anforderungen gehört, dass wir auf eine bestimmte Art an Gott glauben und ihn auf eine bestimmte Weise anbeten.

Es läuft darauf hinaus, dass wir einer bestimmten Religion angehören – oder uns wenigstens an deren Dogmen halten müssen.

Die Idee, Gott wohlgefällig sein zu müssen, resultiert aus dem oben bereits erwähnten Konzept, dass nur absolute Reinheit und totale Vollkommenheit vor Gottes Augen Gnade finden – Eigenschaften, die höchstwahrscheinlich auf uns nicht zutreffen, weswegen wir unbedingt etwas für unser Seelenheil tun sollten.

Und diese Vorstellung resultiert wiederum aus einer in diesem Buch bereits erörterten Vorstellung: dass wir im Zustand der Unreinheit geboren werden, befleckt von der uralten Schuld der Erbsünde, und dass wir in jedem Fall mit den von uns in diesem Leben begangenen Sünden Gottes Missfallen erregen.

Und diese Vorstellung kommt aus dem tief verwurzelten Glauben, dass wir sündigen *können* und Gott zornig auf uns werden *kann*.

Das führt bei vielen Menschen zu der Furcht, dass wir so, wie wir gegenwärtig sind, vor Gott keine Gnade finden. Deshalb streben wir, individuell und als Kollektiv, danach, Gottes Gnade wiederzugewinnen – bevor es zu spät ist.

Die Beliebtheit der Religionen beruht auf dieser Sehnsucht und ihrem Versprechen, dieses ersehnte Resultat bewirken zu können.

Die Religionen, so wird uns gesagt, sind unser Einreisevisum für den Himmel. Alles, was wir tun müssen, besteht darin, getreu nach ihren Geboten und Regeln zu leben.

Dramatisch erhöht wird der Einsatz dadurch, dass manche Religionen behaupten, sie seien der *einzige* Weg zu dem, was sie »Erlösung« oder »Seelenheil« nennen.

Man sagt uns, wenn wir nicht an *ihre* Lehre glauben, nicht *ihr* Credo als die einzige, allein selig machende Wahrheit akzeptieren, werde Gott uns mit ewiger Verdammnis bestrafen.

Für die gläubigen Anhänger dieser Religionen steht fest: Wir *müssen* an Gott glauben und ihn auf bestimmte Weise anbeten, sonst gibt es für unsere Seele keine Erlösung.

6. These

Jetzt kommt das große *Was wäre, wenn* ...

Was wäre, wenn Gott gar nicht angebetet werden muss und von uns Menschen nicht verlangt, dass wir an ihn glauben?

Was wäre, wenn es für Gott überhaupt nicht notwendig ist, dass Menschen an ihn glauben?

Würde das einen Unterschied machen? Spielt es eine Rolle? Würde es sich spürbar auf unsere irdische Erfahrung auswirken?

Ja. Natürlich würde es das. Wenn wir die Idee aufgäben, dass es nur einen Weg gibt, Gott anzubeten und in den Himmel zu kommen, würde die spirituelle Selbstgerechtigkeit, die in der menschlichen Gotteserfahrung so tief eingebettet scheint, verschwinden. Und ohne diese Selbstgerechtigkeit würden auch die Religionskriege und anderen religiös motivierten Konflikte verschwinden, das grausame und sinnlose Morden, das seit Jahrtausenden die Seiten der menschlichen Geschichtsschreibung besudelt.

Wenn wir zu der Einsicht gelangen, dass wir gar nicht an Gott glauben müssen, um von ihm im Himmel willkommen geheißen zu werden, können wir unseren Weg, an Gott zu glauben, frei wählen – wenn wir uns überhaupt für den Glauben an einen persönlichen Gott entscheiden. Und unser Glaube wäre ein Ausdruck reiner Freude und unbändigen Staunens statt ein Produkt von Furcht und Beklommenheit. Würden wir die Angst verlieren, dass uns Schlimmes droht, wenn wir keinem bestimmten religiösen Bekenntnis folgen, dann wäre das Ende aller auf Furcht basierenden Religionen besiegelt. Tatsächlich würde sich, wenn die Liebe-mich-oder-komm-in-die-Hölle-Drohung entfällt, unsere ganze Beziehung zu Gott dramatisch verändern. Wir können dann mit Gott aufrichtig Freundschaft schließen. Statt vor Angst zu zittern, wäre unser Verhältnis zum Göttlichen eine Quelle der Kraft und Ermutigung.

~

Und da gibt es noch einen anderen Aspekt: Wenn wir einsehen, dass Gott kein Bedürfnis danach hat, von uns verehrt und angebetet zu werden, würde unsere Spezies damit aufhören, »Gottesanbetung« als etwas Gutes zu betrachten. Vielmehr würde sie erkennen, dass wir Menschen uns damit zu Untertanen herabwürdigen und unsere uns von Gott geschenkte Größe verleugnen – ganz zu schweigen von unserem eigenen *Anteil* an dem, was wir anzubeten behaupten.

Dem menschlichen Selbst würde dann jene Rolle zuerkannt, die ihm gebührt, nämlich *Teil* von Gottes Selbstausdruck in der Welt zu sein. Dadurch würde sich das menschliche Identitätsgefühl grundlegend wandeln, sodass unsere Spezies sich selbst ganz anders sehen und *entfalten* könnte. Egoistisches, Leid verursachendes oder bösartiges Verhalten würde vollständig und für alle Zeiten aus der menschlichen Lebenserfahrung verschwinden. Wir würden plötzlich erkennen, wer wir selbst wirklich sind und wer alle anderen Menschen wirklich sind. Und wir würden uns selbst und alle unsere Mitmenschen ganz anders behandeln.

6. These

Genau das ist bei den hoch entwickelten Zivilisationen im Universum bereits geschehen. Eine solche Veränderung des Bewusstseins würde auch unsere Zivilisation endlich *zivilisieren*.

GOTTES BOTSCHAFT AN DIE WELT

Vom Anbeginn der Zeit hat Gott uns gesagt, und von Tag zu Tag zeigt es sich deutlicher, **dass die alte überlieferte Geschichte der Menschheit über einen Gott, der von uns verlangt, auf bestimmte Art an ihn zu glauben und ihn anzubeten, schlichtweg falsch ist.**

Es ist völlig in Ordnung, wenn wir diese alte Lehre aufgeben und damit aufhören, sie ständig aufs Neue uns und unseren Kindern zu erzählen.

Gott ist es egal, welcher Religion wir angehören (oder ob wir überhaupt einer Religion angehören). Religionen sind Erfindungen und Konventionen der Menschen.

Gott ist es egal, was wir über ihn glauben (oder ob wir überhaupt an Gott glauben). Religiöser Glaube ist eine Erfindung und Konvention der Menschen.

Gott hat keine Bedürfnisse, die wir erfüllen müssten (weil Gott überhaupt keine Bedürfnisse hat). Bedürfnisse und Wünsche sind Erfindungen und Konventionen der Menschen.

Das Bedürfnis, angebetet zu werden (ganz zu schweigen von der Idee, von seinen Untertanen Liebe zu *verlangen*), kann nur Wesensmerkmal eines unsicheren, unglücklichen und tyrannischen Herrschers sein – eine Beschreibung, die auf den Gott dieses Universums einfach nicht zutrifft.

Das Bedürfnis, auf eine bestimmte, genau festgelegte Art verehrt zu werden, wodurch jede andere Art (so aufrichtig und rein sie in ihrer Absicht auch sein mag) nicht nur als unzureichend abqualifiziert wird, sondern sogar mit *ewiger Verdammnis* bestraft wird, kann nur Wesensmerkmal eines völlig unvernünftigen, total intoleranten, grotesk überempfindlichen, unglaublich kleingeistigen und irrsinnig drakonischen Despoten sein – eine Beschreibung, die auf den Gott dieses Universums einfach nicht zutrifft.

Die Idee, dass Gott von uns Liebe *verlangt*, widerspricht aller Vernunft und Logik. Doch viele halten daran fest, denn es wird im Neuen Testament als *das wichtigste und erste Gebot* bezeichnet: »Du sollst den Herrn, deinen Gott, lieben mit ganzem Herzen, mit ganzer Seele und mit all deinen Gedanken.«

Sprechen wir es klar und unmissverständlich aus: Der Gott dieses Universums braucht und verlangt keinerlei Anbetung und Verehrung – *denn sonst wäre er nicht Gott*. Er hat nichts dadurch zu verlieren, dass er jede Seele bei sich willkommen heißt, ganz gleich auf welchem Pfad sie zu ihm gelangt. Und er freut sich über *jede* Seele, die ihren Weg nach Hause findet, indem sie ihre wahre Identität erkennt und akzeptiert.

Die Vorstellung, Gott würde alle abweisen außer denen, die auf einem bestimmten, genau festgelegten Weg zu ihm kom-

6. These

men, ist schlicht und ergreifend falsch. Sie widerspricht jeder Vernunft und der Definition dessen, was Liebe ist.

Die Vorstellung, Gott würde alle abweisen außer denen, die auf einem bestimmten, genau festgelegten Weg zu ihm kommen, ist schlicht und ergreifend falsch.

Doch zum Glück ist unser Gott nicht dieser Markenname, den die Religionen benutzen.

Gottes Liebe, Gottes Akzeptanz und Gottes Freude in uns ist nicht abhängig davon, welche Worte wir im Gebet benutzen, unter welchem Namen wir Gott anrufen oder auf welches religiöse Bekenntnis wir unsere Hoffnung setzen.

In den Augen Gottes ist ein Jude so gut wie ein Christ, ein Christ so gut wie ein Muslim, ein Muslim so gut wie ein Buddhist, ein Buddhist so gut wie ein Mormone, ein Mormone so gut wie ein Bahá'í und ein Atheist so gut wie alle hier Genannten.

Das, was ist, ist das, was ist, und weder sein Sosein noch seine Freude daran, dieses Sosein zu sein, sind abhängig von irgendeiner besonderen Ausdrucksform oder Verhaltensweise innerhalb des Soseins.

~

Gehen wir noch einen Schritt weiter. Es ist nicht einmal notwendig, dass Menschen überhaupt an die Existenz eines Gottes glauben, damit die Segnungen dieses Gottes in ihr Leben strömen. Das Strömen von Gottes Segnungen ist

Gottes größte Freude, und dieser Prozess währt ewig und kann durch nichts unterbrochen werden. Er hat nicht das Geringste mit unserer Gottesliebe zu tun, aber alles mit Gottes Liebe für uns.

Wie schon gesagt, ist gerade diese Erkenntnis für uns Menschen besonders schwer zu akzeptieren. Die meisten von uns tun sich ausgesprochen schwer damit, dass die göttliche Liebe uns allen völlig frei und bedingungslos zuströmt, ohne dass wir dafür etwas tun müssen.

Und in einer bemerkenswerten Verdrehung der Tatsachen behaupten manche Leute gar, dass Gott tatsächlich alle Menschen liebt und dass die unbarmherzigen Strafen, die er jenen auferlegt, die nicht an ihn glauben oder gegen seine Gebote verstoßen, eine *Demonstration* seiner Liebe wären.

Allein diese verschwurbelte theologische Architektur ist dafür verantwortlich, dass sich die Vorstellung von Gottes Güte und Gerechtigkeit überhaupt aufrechterhalten lässt – wobei sich allerdings die Frage stellt, ob damit das erreicht wurde, was die Erfinder dieser Theologie sich davon erhofften. Vielmehr wurde die Idee eines gütigen und gerechten Gottes von den Religionen selbst ad absurdum geführt, was der Hauptgrund dafür ist, dass heute Millionen Menschen überhaupt nicht mehr an die Existenz irgendeines Gottes glauben.

Das ist eines der größten Probleme der Menschheit, denn dadurch wurden viele, viele Mitglieder unserer Spezies ihrer größten Ressource beraubt. Dies hatte zur Folge, dass die Spezies in ihren Möglichkeiten enorm beeinträchtigt wurde. Diesen Effekt werden wir im folgenden Kapitel untersuchen.

7. These

Gott ist rachsüchtig, und Gottes Liebe kann sich in Zorn verwandeln

Noch ein Missverständnis über Gott.

Dies ist eine Erweiterung des im vorigen Kapitel behandelten Missverständnisses. Ein großer Teil der Menschheit glaubt an einen Gott, der ein Gehorsam einforderndes, männliches Superwesen ist und uns als unvollkommen betrachtet, weil wir ungehorsam waren, und der uns sagt, dass wir bei ihm nur Gnade finden (und in den Himmel kommen), wenn wir bestimmte Anforderungen erfüllen – *und dessen Liebe sich in Zorn verwandelt, wenn diese Anforderungen nicht erfüllt werden.*

In den heiligen Schriften der Menschheit ist immer wieder vom »Zorn Gottes« die Rede. In der jüdischen Überlieferung wird uns gesagt (Nahum 1,2): »Ein eifernder und rächender Gott ist der Herr. Der Herr übt Rache und ist voll Zorn. Der Herr übt Rache an seinen Gegnern und hält fest am Zorn gegen seine Feinde.«

In der christlichen Überlieferung (Johannes 3,35–36) heißt es: »Der Vater liebt den Sohn und hat alles in seine Hand gegeben. Wer an den Sohn glaubt, hat das ewige Leben; wer aber dem Sohn nicht gehorcht, wird das Leben nicht sehen, sondern Gottes Zorn bleibt auf ihm.«

In der islamischen Überlieferung lesen wir in Sure 5,60: »Soll ich euch sagen, wer sich die schlimmste Strafe Gottes zuzieht? Das sind die Menschen aus euren Reihen, die Gott verflucht hat und auf die Er zornig ist, deren Herzen Er so verschloss, dass sie Affen und Schweinen ähneln und dem Teufel dienen. Diese sind auf der tiefsten Stufe, sind sie doch am weitesten vom geraden Weg abgeirrt.«

In der mormonischen Überlieferung wird uns in Mosia 3,26 gesagt: »Darum haben sie aus dem Becher des göttlichen Grimms getrunken, den ihnen die Gerechtigkeit ebenso wenig abwenden kann, wie sie abwenden konnte, dass Adam fiel, weil er von der verbotenen Frucht aß; darum kann die Barmherzigkeit auf sie nimmermehr Anspruch erheben.«

Wenn uns in Texten, die wir als heilig betrachten, Gott als unbarmherzig geschildert wird, ist das eine ernste Angelegenheit. Da verwundert es nicht, wenn die Menschen seit vielen Jahrhunderten ängstlich bestrebt sind, nur ja nicht Gottes Zorn zu erregen. Selbst Mose soll im Gebet zu Gott gesagt haben: »Denn wir vergehen durch deinen Zorn, werden vernichtet durch deinen Grimm.« (Psalm 90,7)

Diese Idee vom unbarmherzigen Zorn Gottes durchzieht die gesamte Geschichte menschlicher Gottesvorstellungen.

Jetzt kommt das große *Was wäre, wenn ...*

Was wäre, wenn Gott niemals zornig war, ist und sein wird?

7. These

Würde das einen Unterschied machen? Spielt es eine Rolle? Würde es sich spürbar auf unsere irdische Erfahrung auswirken?

Ja. Natürlich würde es das. Wir können dann an einen Gott glauben, dessen Liebe bedingungslos ist und uns niemals entzogen wird – ganz egal, woran wir glauben oder ob wir überhaupt an etwas glauben.

Das würde den Menschen endlich zu einem zutreffenden Modell von der wahren Natur der Liebe verhelfen und gäbe uns zugleich ein wunderbares Beispiel, wie wir einander lieben können. Gegenwärtig benutzen viele Menschen ihre (irrige) Vorstellung davon, wie Gott uns liebt, als Modell dafür, wie wir einander lieben sollen.

Wenn wir akzeptieren, dass Gottes Liebe bedingungslos ist, könnte der angebliche gerechte Zorn Gottes, der über die Menschen hereinbricht, nicht länger als Rechtfertigung für menschliche Zorn- und Gewaltausbrüche herhalten. (Vielleicht erinnern Sie sich, dass laut der Bibel über zwei Millionen Menschen durch die Hand Gottes oder auf seinen Befehl getötet wurden.)

Auf der Ebene der individuellen Lebenspartnerschaften und romantischen Beziehungen hätte eine neue Art, einander zu lieben, dann eine *demonstrierbare Grundlage*, wenn den Menschen nicht immer wieder von Gottes Zorn erzählt würde. Diese neue Grundlage wäre Gottes Liebe. Was wäre das für ein wunderbares Vorbild! Jemand, der uns, was auch immer geschieht, bedingungslos liebt.

Auch die Angst verschwände für immer aus den Herzen der Menschen, wenn wir daran glauben, dass die Liebe – sei es die Liebe eines anderen Menschen oder die Liebe Gottes – ewig währt.

Wenn wir keine Furcht mehr vor dem Zorn Gottes haben, hätten Milliarden Menschen am Abend nicht mehr das ängstliche Bedürfnis zu beten: »Heilige Maria, Mutter Gottes, bitte für uns Sünder jetzt und in der Stunde unseres Todes.«

Eine Theologie des Bittens und Flehens würde durch eine Anwendungstheologie ersetzt.

Statt Gott ständig um alles Mögliche zu bitten und anzuflehen, wenden wir in unserem Leben unser Wissen über unsere Beziehung zu Gott praktisch an: dass Gott in uns lebt, durch uns und *als wir*, und dass wir die Eigenschaften Gottes in unserem täglichen Leben anwenden und zum Ausdruck bringen können, also Weisheit, Klarheit, Wissen, Kreativität, Kraft, Fülle, Mitgefühl, Geduld, Verständnis, Bedürfnislosigkeit, Friedfertigkeit und Liebe.

GOTTES BOTSCHAFT AN DIE WELT

Vom Anbeginn der Zeit hat Gott uns gesagt, und von Tag zu Tag zeigt es sich deutlicher, **dass die alte überlieferte Geschichte der Menschheit über Gottes Zorn schlichtweg falsch ist**.

Es ist völlig in Ordnung, wenn wir diese alte Lehre aufgeben und damit aufhören, sie ständig aufs Neue uns und unseren Kindern zu erzählen.

7. These

In Wahrheit hat Gott keinen Grund, Zorn zu erleben oder zum Ausdruck zu bringen. Wenn man alles *ist*, alles *hat*, alles *erschafft*, alles *erlebt* und alles *ausdrücken* kann, was man ausdrücken möchte, worüber sollte man dann zornig werden?

Wenn man nichts *wünscht*, nichts *braucht*, nichts *verlangt* und nichts *befiehlt*, weswegen sollte man sich verraten oder betrogen fühlen?

Wenn außer einem selbst nichts existiert, wem gegenüber soll man rachsüchtig sein? Wen soll man bestrafen? Soll die rechte Hand die linke schlagen?

Die Vorstellung von einem zornigen Gott beruht auf der Idee, dass Gott ein persönliches Interesse daran hat, was Sie als eines von Milliarden Wesen in einem von Milliarden Augenblicken auf einem von Milliarden Planeten in einem von Milliarden Sektoren eines Kosmos, der eine Milliarde Trillionen Mal größer als Ihr Heimatstern ist, tun und lassen. Und dass Gott nicht nur ein persönliches Interesse daran hat, sondern dass dieses Interesse so groß ist, dass er *zutiefst gekränkt und erzürnt* ist, wenn Ihr Verhalten nicht dem entspricht, was Gott von Ihnen erwartet, nein, Ihnen *befiehlt*.

Das ist ähnlich, als würden Sie sich Gedanken wegen eines einzelnen Sandkorns unter allen Sandkörnern an allen Sandstränden der Welt machen. Es kann gut sein, dass Sie den Sand und *alle* seine Körner *lieben*, weil sie Teil des Wunders und der Schönheit der Meeresstrände auf Erden sind, aber ganz bestimmt wären Sie nicht erzürnt, wenn eines dieser Sandkörner das Sonnenlicht nicht so reflektiert wie vorgesehen – zumal Sie ja wüssten, dass es sich dabei nur um einen vorübergehenden Zustand handelt, der in der ewigen Zeitspanne der Existenz dieses Sandkorns nur eine Nanosekunde dauert.

~

Die Vorstellung eines zornigen Gottes beruht nicht nur auf der Annahme, Gott würde bei uns bestimmte Verhaltensweisen bevorzugen, sondern auch auf der Idee, dass alle unsere Verhaltensweisen und ihre sämtlichen Konsequenzen *nicht bereits stattgefunden haben.*

Eine zornige Gottheit könnte nur in völlig künstlichen Konstrukten von Raum und Zeit existieren. Doch im universalen Hier und Jetzt kann Gott nicht zornig *werden* wegen etwas, das gerade geschehen ist, sondern er müsste *immer* zornig sein wegen aller Dinge, mit denen er angeblich nicht einverstanden ist, da alles, was jemals geschehen ist, geschieht und geschehen wird, im ewigen Jetzt gleichzeitig geschieht.

Es stimmt, dass Gott im ewigen Jetzt immer *etwas* ist, aber »Zorn« kann es nicht sein. Gott ist Liebe, ewig und unveränderlich.

Nicht Zorn. Liebe.

Bedingungslose Liebe.

Die Wesenhafte Essenz. Die Ursprüngliche Kraft. Die Reine Energie. Das Singuläre Element.

Das Einzige, was existiert.

7. These

Um uns für diese neue und revolutionäre Sicht der Göttlichen Realität und der Göttlichen Erfahrung zu öffnen, müssen wir die Vorstellung aufgeben, Gott wäre ein Stimmungen unterworfenes Wesen, dessen Laune von äußeren Ereignissen abhängig ist, die zu einer bestimmten Zeit an einem bestimmten Tag in einem bestimmten Leben an einem bestimmten Ort auf einem bestimmten Planeten in einem bestimmten Sonnensystem einer bestimmten Galaxis in einem bestimmten Quadranten eines bestimmten Universums stattfinden.

Wenn Sie sich diese neue und revolutionäre Sicht zu eigen machen wollen, wird es Ihnen helfen, sich Folgendes immer wieder zu vergegenwärtigen:

Gott ist Liebe,
ewig und unveränderlich.
Nicht Zorn. Liebe.
Bedingungslose Liebe.

∽

Es gibt noch eine dritte Idee, mit der wir uns auseinandersetzen müssen: der hartnäckige Glaube, es gäbe so etwas wie »göttliche Gerechtigkeit«, gegen die man verstoßen könnte, oder dass die göttliche Vollkommenheit irgendwie beschädigt werden könnte durch ein einzelnes Ereignis in einem einzelnen Leben ... da haben wir es wieder ... eines einzelnen Lebewesens auf einem einzelnen Planeten in einem einzelnen Sonnensystem und so weiter.

Von manchen Religionen wird uns erzählt, dass Gott diese Verstöße und Beschädigungen unerträglich und inakzeptabel fände, weswegen man dafür Buße tun und eine gerechte Strafe empfangen müsse.

Doch sagt Gott uns (anders als die Religionen behaupten), dass Vollkommenheit *niemals* beschädigt werden kann, weil Vollkommenheit der natürliche Zustand der Dinge ist. Sie ist die ewige Realität.

In Wahrheit ist kein Ding besser als ein anderes, sondern alle Dinge sind einfach, was sie sind: Reflektionen eines perfekt funktionierenden Universums in perfekter Demonstration einer perfekt existierenden Realität, in der in einem nie endenden Prozess namens Evolution eine Sache unvermeidlich zu einer anderen führt.

Aber wie kann jede Realität vollkommen sein? Das ist ganz einfach. Wenn kein Wesen oder Ding etwas anderes verlangt als zu sein, was es ist, und dies der natürliche Zustand allen Seins ist.

In der Höchsten Realität wünscht und verlangt das Göttliche nichts anderes als zu sein, was es ist – aus dem guten Grund, dass das, was ist, die Gesamtheit aller Möglichkeiten, Ereignisse, Umstände, Zustände, Erfahrungen und Ausdrucksformen des Lebens umfasst, alle zur gleichen Zeit.

Ein Regentag ist nicht weniger vollkommen als ein Sonnentag, denn erst der Regentag verleiht dem Sonnentag seinen Glanz, an dem wir uns erfreuen. Und erst der Sonnentag mit seiner Hitze lässt uns die Kühle des Regentages willkommen heißen. Die Rechenfehler, die das neunjährige Mädchen in der Schule machte, bringen später das mathematische Genie hervor, das im Alter von vierunddreißig Jahren am MIT fortgeschrittene Mathematik unterrichtet.

Und ja, auch noch die schrecklichsten menschlichen Erfahrungen tragen dazu bei, dass die besten Ausdrucksmöglichkeiten unserer Spezies sich im Lauf der Jahrzehnte, Jahrhunderte, Jahrtausende unserer Evolution entfalten können. In der Gesamtschau aller Existenz bringt ein Umstand oder Ereignis eine Erkenntnis hervor, die wiederum andere Umstände oder Ereignisse erzeugt, und der Meister lebt sein Leben, ohne den Prozess zu verurteilen oder zu verdammen, noch irgendeine Person oder ein Geschehen, das Teil dieses Prozesses ist. Der Meister sieht das größere Mosaik.

»Gerechtigkeit« und »Vollkommenheit« sind menschliche Konstrukte, die auf relativen Werten beruhen. Die Idee einer göttlichen Gerechtigkeit stützt sich auf die ihr vorangehende Idee, dass im Geist Gottes manche Dinge »richtig« und andere »falsch« sind. Doch im Bereich des Spirituellen existiert eine solche Idee nicht, denn er ist auch der Bereich des Absoluten, wo alles im Hier und Jetzt erlebt wird und Absolute Liebe die einzige Energie ist.

Jeder spirituelle Meister weiß das, und deshalb haben alle spirituellen Meister gesagt, jeder auf seine Art: *Richtet nicht und verurteilt nicht.* Diese Botschaft haben Sie hier schon gehört – und Sie werden sie von mir noch öfter hören –, denn sie steht im Mittelpunkt all der faszinierenden Perspektiven, die dieses neue Gottesbild der Menschheit eröffnet.

Die Frage ist, ob »nicht richten, nicht verurteilen« auch für Gott gilt?

Die Antwort der meisten Religionen darauf ist ein klares Nein. Menschen sollen nicht richten, aber von Gott *wird es erwartet.*

Doch funktionieren die Dinge wirklich so? Und falls ja, wie konnte es dazu kommen?

8. These

Gott führte Krieg gegen den Teufel, und so hat das hier alles angefangen

Noch ein Missverständnis über Gott.

Praktisch alle größeren Religionen lehren, dass es eine Persönlichkeit oder ein Wesen gibt, das nicht Gott ist. Dieser Kreatur wurden viele Namen gegeben, unter anderem: Satan, Luzifer, Beelzebub, der Teufel, der Fürst der Dunkelheit, der böse Geist, der gefallene Engel und der Versucher. Es heißt, dass diese Kreatur ständig mit Gott um die Seelen der Menschen kämpfen würde.

In der theologischen Lehre der Zeugen Jehovas heißt es zum Beispiel, dass dieses Geschöpf namens Teufel ursprünglich ein vollkommener Engel war, später aber stolz und überheblich wurde. Er stiftete die erste Frau, Eva, und durch sie ihren Mann Adam zum Ungehorsam gegen Gott an. Diese Entscheidung, gegen Gottes Alleinherrschaft zu rebellieren und stattdessen dem Teufel zu gehorchen, machte Adam und Eva zu Sündern und bewirkte, dass sie ihre sündige Natur an alle ihre Nachfahren vererbten.

Gott hätte damals den Teufel vernichten und das ungehorsame Paar töten können. (Schließlich hat er ja über zwei

Millionen Menschen getötet oder töten lassen, wenn wir der Bibel Glauben schenken.) Doch nach Auffassung der Zeugen Jehovas beschloss Gott, die Loyalität der übrigen Menschheit auf die Probe zu stellen. Die Zeit sollte beweisen, dass der Mensch unabhängig von Gott nicht erfolgreich sein kann, dass er ohne Gottes Gesetze verloren ist und niemals Frieden auf Erden schaffen kann und dass Satan ein verschlagener Mörder und Lügner ist.

Warum Gott etwas auf die Probe stellen muss, noch dazu die Loyalität einer gerade erst geborenen Spezies (was ungefähr so wäre, als würden wir die Loyalität eines drei Tage alten Babys prüfen), wird nicht erklärt. Noch wird uns gesagt, warum Gott überhaupt dem Rest des Universums etwas »beweisen« muss – obwohl die Lehre der Zeugen Jehovas uns nicht mit der durchaus interessanten Theorie konfrontiert, dass es anderswo im Universum intelligentes Leben gibt. Wenn nicht, wozu dann das Ganze?

∼

Die science-fiction-hafte Geschichte, Gott habe seine eigenen liebevoll erschaffenen Geschöpfe aus dem Paradies hinausgeworfen, ist nicht auf eine Glaubensrichtung beschränkt, sondern wird in den Schöpfungsgeschichten vieler Religionen und Kulturen erzählt.

In Korea, um ein Beispiel aus einem anderen Kulturkreis zu zitieren, wird die Geschichte von Magos Garten erzählt. Darin ist von einer Göttin die Rede, die ein Paradies erschafft und darin menschliche Geschöpfe in unterschiedlichen Far-

8. These

ben ansiedelt wie Blumen in einem wunderschönen Garten. Doch wegen ihrer Unterschiede fangen diese Geschöpfe an, einander zu bekämpfen. Enttäuscht und wütend verbannt Mago ihre Geschöpfe aus dem Paradies und schickt sie in verschiedene Erdteile. Sie dürfen erst in den Garten zurückkehren, wenn sie gelernt haben, harmonisch zusammenzuleben. Wie es in der Geschichte weiter heißt, versuchen die Menschen mit den verschiedenen Hautfarben seither, einen Weg für ein friedliches Zusammenleben zu finden.

Alle unsere Schöpfungsgeschichten erzählen von einem Gott, der etwas erschafft, das sich letzten Endes als nicht so gut erweist. Bereits das klingt extrem unwahrscheinlich, doch die Ungereimtheiten setzen sich fort.

In manchen Versionen dieser Erzählung war es ein Engel namens Luzifer, der das Schlechte in die Welt brachte. In anderen Versionen waren es Gottes eigene Kinder, und in wieder anderen kam beides zusammen.

In einigen Schöpfungsgeschichten führt Gott Krieg gegen den Teufel, besiegt ihn und verbannt ihn für immer in die Hölle. Und von diesem entsetzlichen Ort aus ringt er seither mit Gott um die Seelen der Menschen.

Jedenfalls ist die Schöpfungsgeschichte der Menschheit eine, bei der ein guter Plan misslingt – etwas nicht Göttliches entsteht aus dem Göttlichen, weil es dem Göttlichen nicht gelingt, genügend göttliche Qualitäten zu demonstrieren, und dieses nicht Göttliche führt uns nun alle in Versuchung.

Jetzt kommt das große *Was wäre, wenn* ...

**Was wäre, wenn es Satan, den Teufel, Luzifer
oder andere »böse Geister« gar nicht gibt,
wenn also das, was nicht göttlich ist,
einfach nicht existiert?**

Würde das einen Unterschied machen? Spielt es eine Rolle? Würde es sich spürbar auf unsere irdische Erfahrung auswirken?

Ja. Ohne die Existenz einer bösen Kraft oder Wesenheit würde die gesamte Mythologie vom Krieg Gottes gegen die Dunkelheit sich in Luft auflösen und damit die ganze Idee eines ewigen Kampfes zwischen Gut und Böse.

Eine im August 2014 auf der Webseite *TheSpectrum.com* veröffentlichte Reportage verdeutlicht, wie tief diese Vorstellung in der menschlichen Kultur verankert ist – und liefert uns ein perfektes Beispiel für einen Punkt, den ich hier im ersten Kapitel *Die Grundlage für so vieles* ansprach. Dort schrieb ich, dass es keine Kleinigkeit ist, ein falsches Bild von Gott zu haben, weil nämlich eine erstaunliche Anzahl persönlicher Entscheidungen, die von Milliarden Menschen auf dem Globus getroffen werden, auf dem beruhen, was diese Menschen über den Sinn des Lebens und über das glauben, was nach diesem Leben geschieht, und auf dem, was sie über Gott und Gottes Willen glauben.

Wenn Sie denken, dass ich übertreibe, lesen Sie das: »Der Viehzüchter Cliven Bundy aus Nevada sagte in einer Rede vor Mitgliedern der Independent American Party, dass die

8. These

Auseinandersetzung zwischen seiner Familie, mehreren staatlichen Behörden und Bundys schwer bewaffneten Unterstützern Teil eines uralten Kampfes zwischen Gut und Böse sei«, heißt es in dem Artikel auf *The Spectrum*.

Mr Bundy war von der zuständigen staatlichen Behörde untersagt worden, sein Vieh auf staatlichem Land zu weiden. Mr Bundy weigerte sich, dem nachzukommen, was für landesweite Schlagzeilen sorgte und zur Folge hatte, dass gewaltbereite, schwer bewaffnete Leute von überallher anreisten, um ihm im Kampf gegen die Regierung beizustehen. Bundy drückte es folgendermaßen aus: »Leute aus fast jedem Bundesstaat der USA waren hier. Manche sagten, sie hätten vierzig Stunden Anreise auf sich genommen. Warum sind sie gekommen? ... Weil sie es für notwendig hielten. Sie waren spirituell berührt.«

In dem Artikel wurde Bundy außerdem mit den Worten zitiert: »Wenn unsere Verfassung ein von unserem Herrn Jesus Christus inspiriertes spirituelles Dokument ist, ist sie dann nicht eine heilige Schrift?«

Laut der Spectrum-Webseite riefen die Zuhörer im Chor »Ja!« Bundy fragte: »So heilig wie das Buch Mormon und die Bibel?« »Absolut!«, antwortete das Publikum.

In der bewaffneten Konfrontation mit der Polizei (die sich übrigens zurückzog, ohne dass es zu einem Schusswechsel kam) erkennt man jene überlieferte Geschichte, die Auslöser für unsere Kriege ist.

Kriege beruhen darauf – tatsächlich ist es für sie absolut *notwendig* –, dass Menschen und Positionen als »gut« und »böse« charakterisiert werden, um die Menschen hinreichend dafür zu motivieren, gegen ihre eigene grundsätzliche Natur zu verstoßen, die darin besteht, niemanden absichtlich zu verletzen oder zu schädigen.

Im Kern eines jeden gefühlsbegabten Wesens existiert eine »Ehrfurcht vor dem Leben«. Der einzige Weg, ein solches Wesen dazu zu bringen, diesem inneren Impuls zuwiderzuhandeln, besteht darin, es davon zu überzeugen, dass es etwas »Gutes« tut, wenn es sich in einer Weise verhält, die es als »böse« einstuft, wenn andere sich ihm gegenüber so verhalten.

~

Ein großer Teil des dysfunktionalen Verhaltens der Menschheit im Zusammenhang mit Gewalt und Krieg rührt daher, dass die Religionen eine Geschichte propagieren, der zufolge im Himmel ein Krieg zwischen Gott und Satan stattfand, bei dem Gott siegte und den Gefallenen Engel aus dem Paradies vertrieb.

Doch, wie bereits beschrieben, wurde der Gefallene Engel nicht vernichtet, sondern es heißt in der Mythologie, dass er als Fürst der Finsternis und Anführer der Dämonen weiter existieren durfte und *bis zum heutigen Tag* mit Gott um die Seelen der Menschen kämpft.

Faszinierend daran ist, dass dieser Kampf so dargestellt wird, als könne Satan ihn gewinnen. Und wenn er gewinnt, werden die Seelen, die seinen Versuchungen erliegen, zu ihm in die ewigen Feuer der Hölle geschickt.

In der Bibel finden sich zahlreiche Aussagen über die Hölle. Ihre Existenz gilt als unverzichtbarer Bestandteil der Lehre

8. These

(Hebräer 6,1–2). Sie wird als realer Ort des Feuers und der Folterqualen beschrieben (Judas 3–7; Offenbarung 14,10; 20,10–15; 21,8). Es heißt, dass die, die Christus nicht kennen, mit Verdammnis bestraft werden (2. Thessalonicher). Wir werden gewarnt, dass diese Strafe für alle, die sich Christus nicht zuwenden, ewig währt (Matthäus 13,41–42; 18,8–9; 25, 41–46; Lukas 16,19–31).

Wir sehen also, dass die Religion uns seit Jahrhunderten einredet, wir müssten alles tun, um den Fallstricken des Teufels zu entgehen.

So wurde die Vorstellung vom ständigen Kampf zwischen Gut und Böse zu einem Grundpfeiler der menschlichen überlieferten Geschichte. Gottes Krieg mit dem Teufel rechtfertigt es, dass Gott jenen, die Satans Versuchungen erliegen und nicht auf eine genau vorgeschriebene Weise Vergebung suchen, unbeschreiblich qualvolle Strafen auferlegt. Das dient Menschen als moralische Grundlage dafür, jene unbeschreiblich qualvoll zu bestrafen, die *sie* für *ihre* Feinde halten.

Schließlich muss, was für Gott gut und richtig ist, auch für uns gut und richtig sein.

So hat unsere Spezies eine spirituelle Rechtfertigung für die barbarischsten Grausamkeiten gefunden, indem man sich Gott zum Vorbild nimmt.

Entfernen wir aber die Idee des Bösen aus unseren Konstruktionen und Geschichten über die Höchste Realität, stürzt das Fundament für die in Namen Gottes begangenen Grausamkeiten in sich zusammen. Was bleibt, ist eine Höchste Realität, in der nichts als Liebe jemals existiert hat, existiert und existieren wird.

Die ganzen Geschichten über einen Krieg zwischen Gut und Böse und über einen Engel, der im Königreich des Himmels gegen Gott kämpft, beruhen auf der Idee, dass etwas existieren kann, das *nicht* Gott ist.

Aus dieser Idee folgt dann, dass »Sünde«, verstanden als ein Verstoß gegen Gottes Gebote, möglich ist. Es ist also möglich, dass das mächtigste Wesen im Universum (ja, der *Schöpfer* dieses Universums) zornig werden könnte, weil eines unter sieben Milliarden Wesen auf einem von mehreren Trillionen Planeten sonntags nicht in die Kirche geht, während seines Lebens kein einziges Mal nach Mekka pilgert oder eine gleichgeschlechtliche Liebesbeziehung eingeht.

Das wiederum führt zu der zweifelhaften Schlussfolgerung, solche Verstöße müssten eine Strafe Gottes nach sich ziehen, wodurch dann die »Gerechtigkeit« wiederhergestellt würde, um sicherzugehen, dass in Gottes Königreich alles im Zustand der Reinheit und Vollkommenheit existiert.

Das Ironische daran ist, dass eine schreckliche und ewig dauernde Strafe in groteskem Missverhältnis zu vielen der angeblichen »Verstöße« der Menschen steht (etwa dem »Verstoß«, mit reinem Herzen, aber der falschen Religion vor Gott zu treten). Das traurige Paradox daran ist, dass solche grausamen Strafen alles andere als ein Ausdruck von Reinheit und Vollkommenheit sind.

GOTTES BOTSCHAFT AN DIE WELT

Vom Anbeginn der Zeit hat Gott uns gesagt, und von Tag zu Tag zeigt es sich deutlicher, **dass die alte überlieferte Geschichte der Menschheit über ein Wesen namens Satan schlichtweg falsch ist.**

Es ist völlig in Ordnung, wenn wir diese alte Lehre aufgeben und damit aufhören, sie ständig aufs Neue uns und unseren Kindern zu erzählen.

Es gibt den Teufel nicht, und die Hölle existiert nicht.

Jene, die an die Existenz Satans glauben, behaupten, dass gerade Satan selbst uns in Versuchung führen würde, an seine Nichtexistenz zu glauben. Daher wird jeder, der sagt, Satan existiere nicht, nicht einfach nur als jemand betrachtet, der eine andere theologische Meinung als der religiöse Mainstream vertritt, sondern, viel bedrohlicher, als ein »Instrument des Teufels«. Damit wird sichergestellt, dass eine solche abweichende Meinung nur selten öffentlich vertreten und diskutiert wird.

Wir werden sie hier trotzdem diskutieren.

Das, was Menschen *böse* nennen, existiert in unserer Realität als Teil des zuvor beschriebenen Kontext-Feldes. Unsere Definitionen des »Bösen« sind aber von uns selbst geschaffen und bedeuten keinesfalls, dass Gottes Königreich von Natur aus etwas Böses innewohnt.

Gerade der Umstand, dass im spirituellen Bereich nichts »Böses« existiert, macht es erforderlich, dass wir es im Kontext-Feld der materiellen Welt erschaffen, denn dadurch wird es für uns möglich, das zum Ausdruck zu bringen und zu erfahren, was wir »gut« nennen.

Doch wir müssen es gar nicht auf unserem Planeten erschaffen. Solange etwas, das wir als »böse« bezeichnen, irgendwo in diesem Kontext-Feld (das heißt, dem Universum) existiert, können wir das erleben und erfahren, was wir als »gut« bezeichnen. Außerdem können wir ein Kontext-Feld ebenso gut auch mithilfe unserer Erinnerung erschaffen. Wenn wir uns an eine Zeit erinnern können, in der wir selbst etwas »Böses« erlebten oder davon hörten, können wir in der Gegenwart das erleben, was wir »gut« nennen. Um also »Gutes« zum Ausdruck zu bringen oder zu erleben, ist die Anwesenheit von »Bösem« in der heutigen Zeit nicht mehr erforderlich.

Dass das »Böse« von uns selbst erschaffen wird, bedeutet nicht, dass das, was wir »böse« nennen, in unserer Erfahrung nicht »real« wäre (in dem Sinne, in dem alles innerhalb dieser Illusion des sogenannten physischen Lebens »real« ist) oder dass es keinen Sinn hätte, Dinge in menschlichen Begriffen als »gut« oder »böse« zu bewerten.

Tatsächlich definiert sich unsere Spezies durch das, was wir »böse« nennen – und diese Definitionen wandeln sich im Zuge der Weiterentwicklung unserer Spezies. Wir sollten uns aber unbedingt klarmachen, dass es sich um von uns selbst festgelegte Kriterien handelt. Sie wurden uns nicht unauslöschlich von einer Gottheit oder einem Teufel »aufgeprägt«.

8. These

Ich werde Ihnen nun einen spektakulären Beweis für die Wahrheit dieser Aussage liefern.

Am 28. Juli 1999 erklärte Papst Johannes Paul II. in seiner wöchentlichen Ansprache vor 8500 Zuhörern, dass eine physische Hölle als Ort des Feuers und ewiger Qualen *nicht existiere*. Vielmehr, so der Papst, könne die Seele eine der Hölle ähnliche Erfahrung machen – nicht nur nach dem Tod, sondern auch schon in diesem Leben. Diese Erfahrung, sagte der Pontifex, sei ein Getrenntsein von Gott, das Fehlen einer freudigen Kommunion mit ihm.

Einer offiziellen Mitschrift dieser Papstrede zufolge wies Johannes Paul II. darauf hin, dass die biblischen Darstellungen der Hölle nur symbolisch gemeint seien, um »die völlige Frustration und Leere eines Lebens ohne Gott« zu versinnbildlichen.

Er fügte hinzu: »Die Hölle ist kein physischer Ort, sondern ein Zustand, in dem jene sich befinden, die sich selbst von Gott entfernen, der Quelle allen Lebens und aller Freude.«

Weiter sagte der Papst, dass die alte Vorstellung einer Hölle mit Feuer und Schwefel und die furchterregenden Bilder in manchen Bibelabschnitten und auf Gemälden nur »symbolisch« zu verstehen seien. Man dürfe solche Bilder nicht dazu verwenden, Menschen zu ängstigen.

Wörtlich sprach er: »Die Vorstellung von der Hölle – umso weniger der unangebrachte Gebrauch der biblischen Bilder – darf keine Psychosen oder Ängste hervorrufen.«

Der Papst bemerkte auch, dass die Hölle keine von außen verhängte Strafe Gottes ist. »Das ‹Verderben›«, erklärte er,

»wird deshalb nicht der Veranlassung Gottes zugeschrieben, weil er in seiner barmherzigen Liebe nichts anderes als das Heil derer will, die von ihm geschaffen wurden.«

Er erklärte nicht, warum es Gott nicht gelingt, diesen ausschließlichen Heilswunsch für alle seine Geschöpfe Wirklichkeit werden zu lassen, sagte aber, der Mensch selbst sei es, der sich Gottes Liebe verschließe. Die Verdammnis werde also durch den Menschen selbst herbeigeführt – als Resultat der freien Willensentscheidung, Gott und die göttliche Vergebung zurückzuweisen.

Es gibt hier eine bemerkenswerte Ähnlichkeit zu den von mir bereits erwähnten Botschaften Gottes, die heute durch Menschen empfangen und verbreitet werden.

⁓

Der Kommentar des Papstes ähnelt verblüffend einer Äußerung des christlichen Erweckungspredigers Billy Graham in einem Interview, das vor einigen Jahren in einem großen Nachrichtenmagazin erschien. Als er nach dem ewigen Höllenfeuer gefragt wurde, sagte er:

»Mit Bestimmtheit kann ich dazu nur sagen, dass die Hölle bedeutet, von Gott getrennt zu sein. Wir sind getrennt von seinem Licht, von der Gemeinschaft mit ihm. Das wird die Hölle sein. ... Was das Höllenfeuer im wörtlichen Sinn angeht, predige ich das nicht, weil ich mir diesbezüglich nicht sicher bin.«

8. These

Und ... diese Äußerungen von Papst Johannes Paul II. und Billy Graham ähneln sich nicht nur untereinander, sondern kommen dem bemerkenswert nahe, was im Buch *Zuhause in Gott – über das Leben nach dem Tode* zu lesen ist, dem abschließenden Band der neunbändigen Reihe *Gespräche mit Gott*. Hier sind die Gott zugeschriebenen Worte aus dieser Quelle:

Lass uns das unmissverständlich klarstellen. Die Hölle existiert nicht. Einen solchen Ort gibt es einfach nicht. Daher kannst du auch nicht dorthin kommen.

Kannst du dir deine persönliche »Hölle« ERSCHAFFEN, wenn das deine Wahl ist oder du glaubst, etwas Derartiges zu »verdienen«? Ja. Du kannst dich also selbst in die »Hölle« schicken, und diese »Hölle« wird genau so sein, wie du es dir vorstellst oder für notwendig erachtest – aber du wirst keinen Augenblick länger dort bleiben, als du selbst es wählst.

Aber wer würde denn dort überhaupt bleiben wollen?

Da würden Sie sich wundern! Ziemlich viele Leute leben in einem Glaubenssystem, das ihnen sagt, sie wären Sünder und müssten für ihre »Vergehen« bestraft werden. So bleiben sie in ihrer Vorstellung von der »Hölle« gefangen und glauben, nichts anderes zu »verdienen«.

Doch in Wahrheit werden sie überhaupt nicht leiden müssen. Sie werden sich einfach losgelöst aus einer gewissen Distanz selbst beobachten und sehen, was sich dort abspielt – in etwa so, als würde man ein Lehrvideo anschauen.

In *Zuhause in Gott* heißt es weiter, dass jede Seele, die diese selbst auferlegte Hölle verlassen möchte, unverzüglich und in Gedankenschnelle an einem Ort bedingungsloser Liebe, totaler Erkenntnis, absoluter Freude und vollständiger Vereinigung mit Gott gelangt.

Das, was uns durch den Papst, den Pfarrer Billy Graham, *Zuhause in Gott* und viele andere zeitgenössische Quellen spiritueller Weisheit übermittelt wird, steht in völligem Widerspruch zu dem, was die Bibelautoren in der Antike über die Realität eines in alle Ewigkeiten brennenden Feuersees behaupteten.

Weiter vorne in diesem Text sagte ich, dass als Ergebnis der Evolution heute »nicht nur einige wenige, sondern Millionen Menschen Gottes ursprüngliche Botschaft hören. Heute erreicht sie – in nie da gewesener Klarheit – mehr Menschen als je zuvor.«

Ich sagte auch: »Es ist kein Zufall, dass fast alle modernen, umfassenden Interpretationen der ursprünglichen Botschaft Gottes übereinstimmende Beobachtungen enthalten, zu ähnlichen Schlussfolgerungen gelangen und miteinander vergleichbare Realitäten beschreiben.«

Es stellte sich also die Frage: Hat die Menschheit sich weit genug entwickelt, um unsere frühen Geschichten über einen Bösen Geist und eine Hölle mit Feuer und Schwefel hinter uns zu lassen? Oder werden wir uns auch weiterhin weigern, alte Konzepte zu hinterfragen?

~

8. These

Ich möchte noch einmal betonen, dass der Abschied von der Vorstellung, dass es den Teufel gibt, nicht bedeutet, auch die Idee aufzugeben, dass manche Dinge »gut« und manche Dinge »böse« sind gemäß der gegenwärtig üblichen Definition.

Der Trick besteht darin, dem »Bösen« nicht seinerseits mit »bösen« Handlungen zu begegnen, sondern sich klarzumachen, dass die Existenz dieses »Bösen« ein Produkt jenes Kontext-Feldes ist, das nur in der materiellen Welt existiert. Daher ist es richtig, die Menschen, die »Böses« tun, zu segnen, sich zugleich aber darum zu bemühen, die von ihnen hervorgerufenen Situationen zum Besseren zu verändern.

Was soll denn das?, sagen Sie jetzt vielleicht. *Wir sollen die segnen, die Böses tun?*

Ja. Alle spirituellen Meister haben das erkannt. Daher übermitteln auch alle spirituellen Meister, jeder auf seine Weise, der Menschheit die gleiche Botschaft: »Liebt eure Feinde. Segnet die, die euch verfluchen, tut Gutes denen, die euch hassen, und betet für die, die euch verfolgen.«

Buddha sagte, dass selbst dann, wenn Banditen einem Menschen brutal die Gliedmaßen absägten, derjenige, der darüber Hass in seinem Herzen entwickle, nicht Buddhas Lehre folge.

Diese spirituelle Botschaft wird der Menschheit bis zum heutigen Tag übermittelt. Im 21. Jahrhundert sagte der Dalai Lama: »Hass lässt sich nicht durch Hass überwinden, sondern allein durch Liebe. Das ist das uralte Gesetz.«

Können wir den Worten unserer spirituellen Meister Glauben schenken? Warum hätten sie diese Dinge sagen sollen, wenn sie nicht wollten, dass wir daran glauben?

Wollen sie uns damit nicht sagen, dass wir durch die höchste Ausdrucksform der Liebe den Schmerz und die Macht von allem auflösen können, was wir nicht als die höchste Ausdrucksform der Liebe betrachten?

Offensichtlich wusste jeder spirituelle Meister, dass wir alle jederzeit dazu eingeladen sind, den Mut aufzubringen, dem zu widersprechen, was die meisten Menschen als »richtige« Reaktion auf einen Angriff betrachten?

Heißt das, dass wir nicht reagieren sollen, wenn wir angegriffen werden? Nein. Aber die *Art*, wie wir reagieren, muss nicht die traditionelle Selbstverteidigung und der Gegenangriff sein, und gerade deshalb kann sie die Auswirkungen des Angriffs neutralisieren.

Liebe wird in jeder Hinsicht alle negativen Auswirkungen eines Angriffs neutralisieren. Sie mag zwar den äußeren Anschein nicht verändern, aber die innere Erfahrung wird sie für immer verändern. Und dadurch verändert sie dann oft doch auch die äußere Situation.

Nelson Mandela verbrachte in Südafrika siebenundzwanzig Jahre im Gefängnis, aber er weigerte sich, seine Gefängniswärter zu verurteilen. Im Gegenteil, er entschied sich dafür, ihnen mit Liebe zu begegnen. Das Resultat: Sie rissen sich regelrecht darum, ihm zugeteilt zu werden. Sie suchten seinen Rat bei persönlichen Problemen. Er hatte ein offenes Ohr für sie, verhielt sich liebevoll und mitfühlend. Es heißt, dass seine Bewacher an dem Tag weinten, als Mandela entlassen wurde. Sie hatten ihren besten Freund verloren.

Auf einer sehr tiefen Ebene hatte er begriffen:

8. These

*Liebe wird in jeder Hinsicht
alle negativen Auswirkungen eines Angriffs
neutralisieren.*

∾

Dann, wenn wir erkennen, dass wir die Macht haben, nicht nur einen Angriff, sondern jede negative Energie zu neutralisieren – von kleinen alltäglichen Ärgernissen bis zu den wirklich großen Problemen –, wird uns klar, dass Negativität etwas ist, was wir subjektiv erzeugen, statt es objektiv zu erleben. Negativität stößt uns nicht zu, sondern wir erschaffen sie. Sie ist eine innere Entscheidung, kein äußerer Zustand.

Alle spirituellen Lehrer, alle Heiligen und Weisen aller Zeitalter haben unser inneres Ringen um diese innere Entscheidung bezüglich sämtlicher äußeren Ereignisse, Zustände und Situationen als die größte Herausforderung des Menschseins bezeichnet. Viele Muslime bezeichnen diesen inneren Kampf als *Dschihad*.

Es gibt kein Wesen namens Satan. Gott hat keinen Engel erschaffen, um dann zuzusehen, wie dieser sich in einen Teufel verwandelt, und zuzulassen, dass er die Menschen unablässig in Versuchung führt. Aber Gott hat den Menschen die Macht gegeben, die Dinge so zu sehen, wie sie es wünschen. Vielleicht hilft es Ihnen ja, sich SATAN als Abkürzung zu denken für: Sehe Alles Total Ablehnend und Negativ.

Wie Nelson Mandela können wir frei entscheiden, wie wir sämtliche Aspekte unseres Lebens betrachten. Unsere Perspektive erzeugt dann unsere Wahrnehmung, unsere Wahrnehmung erzeugt unseren Glauben, unser Glaube erzeugt unser Verhalten, unser Verhalten erzeugt unser Erleben, und unser Erleben erzeugt unsere Realität.

Die Entscheidung, eine Sache als negativ zu betrachten, liegt ganz allein bei uns. Es gibt keinen »bösen Geist«, der Macht über uns hat.

Oder, wie die Comicfigur *Pogo*, geschaffen vom verstorbenen Zeichner Walt Kelly, es ausdrückte: »Wir wissen jetzt, wer unser ärgster Feind ist: wir selbst.«

9. These

Gott legt fest,
was richtig und was falsch ist

Noch ein Missverständnis über Gott.

Wie schon gesagt, richten Millionen Menschen – ja ganze Gesellschaften und Kulturen – ihr Urteil darüber, was »gut« und was »böse« ist, danach aus, was der Gott, an den sie glauben, angeblich verkündet und befohlen haben soll.

Das gilt auch für das weiter gefasstere und differenziertere Spektrum von *Richtig* und *Falsch*.

Letztlich betrachtet der größte Teil der Weltbevölkerung Gott als die definierende und entscheidende Autorität, wenn es darum geht, welches Verhalten angemessen und welches unangemessen ist. Tatsächlich fußt das Zivilrecht in vielen Ländern und Rechtssystemen auf dieser Sichtweise.

Jetzt kommt das große Was wäre, wenn ...

Was wäre, wenn im Bewusstsein Gottes solche Konzepte wie »richtig« oder »falsch« gar nicht existieren?

Was wäre, wenn es in der Höchsten Realität keine solchen Abgrenzungen und Definitionen gibt?

Würde das einen Unterschied machen? Spielt es eine Rolle? Würde es sich spürbar auf unsere irdische Erfahrung auswirken?

Ja. Und um das sofort klarzustellen: Es geht hier nicht nur um die einfachen, grobmotorischen Definitionen von »gut« und »böse«, sondern gemeint sind auch die feinen Schattierungen menschlichen Denkens, Sprechens und Handelns.

Milliarden Menschen auf der Welt würden sich plötzlich ruderlos fühlen auf dem, was sie sich als stürmisches Meer menschlicher Erfahrung selbst erschaffen haben, wenn sie ohne die vermeintlichen Richtlinien Gottes darüber auskommen müssten, was in den Details der Lebensführung vermeintlich richtig oder falsch ist. Über »gut« und »böse« glauben wir, gut Bescheid zu wissen. Aber ist es beispielsweise »gut« oder »böse«, wenn wir uns zum »falschen« Zeitpunkt in die »falsche« Person verlieben? Ist es »gut« oder »böse«, bei der Steuererklärung unehrlich zu sein, wenn wir glauben, dass der Staat unser Steuergeld für »schlechte« Zwecke verwendet?

Heute richten Menschen überall auf der Welt ihr individuelles Verhalten und ebenso die Entscheidungen und Handlungen ihrer Sippe, ihrer Gruppe oder ihres Stammes zum großen Teil danach aus, was ihre jeweilige Glaubensrichtung dazu lehrt und verkündet – und das betrifft nicht nur grobe Verstöße (Morden, Stehlen usw.), sondern auch die subtileren, feineren Manöver des fleischlichen Menschen (die kleinen Notlügen, der diskrete Seitensprung, der vermutlich niemandem wehtut usw.).

Für die Juden und viele Christen sind die Zehn Gebote die maßgebende öffentliche Verkündigung. Für Muslime sind es

9. These

die Fünf Säulen des Islam. Für Buddhisten sind es der Edle Achtfache Pfad und die Fünf Regeln. Für Hindus ist es die Lehre von den vier Lebenszielen. Für jene, die den Kemetismus praktizieren (eine Rekonstruktion der alten ägyptischen Religion), gibt es die elf Gesetze. Die Mitglieder der Bahai-Religion richten sich nach dem Heiligsten Buch Baha'ullahs. Im Sikhismus ist es die Rehat Maryada.

Diese Liste ließe sich noch lange fortführen.

Würde plötzlich allen klar werden, dass Gott *keine Gesetze hat* – dass die göttliche Offenbarung keine Befehle, Vorschriften, Forderungen, Anweisungen, Prinzipien oder Verhaltensregeln enthält –, würde das fast der gesamten Theologie sämtlicher Religionen den Boden unter den Füßen wegziehen und auch einem großen Teil der Justiz überall auf der Welt.

Wenn die Regeln für das menschliche Verhalten *nicht* auf den Forderungen unseres Schöpfers basieren (und zwar schlicht deshalb, weil unser Schöpfer nichts von uns fordert), dann muss unsere Spezies neue Erklärungen dafür finden, warum eine bestimmte Handlung oder Entscheidung »richtig« und eine andere »falsch« ist.

Wenn wir die »Moral« – das heißt, jene Werte, die auf unserer Vorstellung von Gottes Geboten und Wünschen basieren – aus dem Bild herausnehmen, stellt sich die Frage: Was soll dann der Maßstab für gutes Benehmen unserer Spezies sein?

Eines scheint bezüglich unseres jetzigen Standards sicher: Die willkürliche Beurteilung, ob Entscheidungen und Handlungen »richtig« oder »falsch« sind, anhand von anscheinend launenhaften, oft variierenden und allzu häufig widersprüchlichen Interpretationen der Gesetze Gottes hat in so vielen Fällen weltweit mehr geschadet als genützt, dass dieser Standard in einer erleuchteten Gesellschaft nicht länger als vernünftig oder gar nützlich angesehen werden sollte.

An dieser Stelle möchte ich erneut auf den traurigen Umstand hinweisen, dass im Jahr 2014 ein Mensch wegen seiner Entscheidung für eine bestimmte Religion zum Tode verurteilt wurde. Allerdings könnte die Suche nach neuen Verhaltensstandards zu massivem Aufruhr in den sozialen und spirituellen Gemeinschaften führen – und das ist zweifellos der Grund dafür, dass man immer noch an den uralten Standards festhält.

Niemand möchte an Bord für Unruhe sorgen, obwohl das Schiff auf einen Eisberg zufährt.

Niemand möchte die Grundannahmen infrage stellen.

Gottes botschaft an die Welt

Vom Anbeginn der Zeit hat Gott uns gesagt, und von Tag zu Tag zeigt es sich deutlicher, **dass die alte überlieferte Geschichte der Menschheit über »Richtig« und »Falsch« schlichtweg falsch ist.**

Es ist völlig in Ordnung, wenn wir diese alte Lehre aufgeben und damit aufhören, sie ständig aufs Neue uns und unseren Kindern zu erzählen.

9. These

In der Höchsten Realität gibt es kein Richtig oder Falsch. Diese Konzepte sind menschliche Konstruktionen, die auf einer völlig irrigen Auffassung über den Willen Gottes und den Sinn und Zweck unseres Lebens beruhen.

Dass Urteile über Richtig und Falsch nicht Teil von Gottes Bewusstsein sind, liegt daran, dass diese Konzepte auf Zuständen oder Erfahrungen von Nutzen oder Schaden beruhen – die in der Höchsten Realität nicht existieren.

Nichts kann für das von Nutzen sein, was selbst die Quelle allen Nutzens ist. Sich vorzustellen, dass für Gott etwas von Nutzen sein könnte, ist, als würde man sich vorstellen, ein einzelner Penny wäre für einen Milliardär von Nutzen.

Nichts kann der Quelle von allem, was existiert, Schaden zufügen. Sich vorzustellen, etwas könne Gott schädigen, ist, als würde man sich vorstellen, dass eine Geschichte über einen kleinen Jungen, der sich verletzt und dem es dann wieder besser geht, den Autor schädigen könnte, der sie geschrieben hat.

Da es für Gott weder Nutzen noch Schaden gibt, existiert die Idee, etwas könnte richtig oder falsch sein, in Gottes Bewusstsein nicht.

Diese Idee wird auch im menschlichen Bewusstsein aufhören zu existieren, wenn die Menschen begreifen, dass es auch für sie weder Nutzen noch Schaden gibt. Das ist so, weil die Menschen niemals von Gott getrennt sind – eine Wahrheit, der wir uns ausführlich widmen werden, wenn wir uns in dem Kapitel zur 17. These mit dem letzten und größten Missverständnis über Gott befassen.

Einstweilen ist es hilfreich, sich Folgendes gut einzuprägen:

> *Da es für Gott weder Nutzen noch Schaden gibt,*
> *existiert die Idee, etwas könnte richtig oder falsch sein,*
> *in Gottes Bewusstsein nicht.*

~

Es ist allerdings sehr gut möglich, dass Menschen während ihres physischen Lebens auf Erden die *Illusion* von Nutzen oder Schaden erleben, doch sie ist lediglich das Resultat ihrer Vorstellungen von dem, was geschieht.

William Shakespeare drückte es so aus: »An sich ist nichts weder gut noch böse. Das Denken macht es erst dazu.«

Mit anderen Worten, es ist alles unsere eigene Erfindung. Wir definieren und entscheiden, was »gut« oder »schlecht«, »richtig« oder »falsch« ist, je nach unserer momentanen Stimmung, abhängig von Situation, Zeit und Ort.

In Peoria, Illinois, ist Prostitution »falsch«. In Amsterdam ist sie ein legales Gewerbe, vom Staat lizenziert und reguliert, das einen nicht geringen Beitrag zu den Steuereinnahmen leistet.

1914 hielt man das Zusammenleben von Paaren ohne Trauschein für »falsch«. 2014 hält man es für eine gute Idee, um das gemeinsame Leben erst einmal auszuprobieren, ehe man sich durch eine Ehe bindet, oder für ältere Paare, die ihre späten Jahre ohne die gesetzlichen Verwicklungen einer Heirat miteinander teilen möchten.

9. These

Wir denken uns die Dinge aus, während wir durchs Leben gehen, und wir ändern häufig unsere Meinung – und doch glauben wir, genau zu wissen, was in einem bestimmten Augenblick richtig und was falsch ist.

Gott hat mit diesen Konstruktionen nichts zu tun. Sie werden ausschließlich von uns selbst geschaffen. Würde Gott definieren, was richtig und falsch ist, blieben diese Definitionen konstant. Was in Preoria wahr ist, wäre auch in Amsterdam wahr. Was 1914 wahr war, wäre auch 2014 wahr. Richtig und Falsch würden nicht durch die Landkarte oder den Kalender bestimmt.

~

Die Frage für die Menschheit lautet also nicht, warum Gott etwas für richtig oder falsch erklärt, sondern warum Menschen dies tun.

Die folgerichtige Antwort lautet, dass die Menschen (auch wenn nur wenige das zugeben würden) sich bereits dafür entschieden haben, jede künftige Entscheidung oder Handlung danach zu bewerten, *ob sie richtig oder falsch im Hinblick darauf erscheint, die selbst gesteckten Ziele zu erreichen.*

So können Menschen es gutheißen, wenn der Staat jemanden mit Absicht tötet, obwohl andererseits erklärt wird, dass es falsch ist, mit Absicht andere Menschen zu töten.

So können Menschen einerseits eine Robin-Hood-Geschichte bejubeln, in der die Reichen bestohlen werden, um es den Armen zu geben, während andererseits gesagt wird, Stehlen sei falsch.

So können Menschen sich sagen, dass es in Ordnung ist, sich im Namen von Liebe und Romantik auf eine Affäre mit einer unglücklich verheirateten Person einzulassen, während es andererseits heißt, Ehebruch sei falsch.

In der Interaktion zwischen Menschen gibt es offensichtlich nichts *absolut* Richtiges oder Falsches, sondern diese Werturteile werden immer abhängig von den jeweiligen *Umständen* getroffen.

∼

So geht es auf Erden zu. Es wäre überaus hilfreich, wenn wir das ehrlich zugeben und dann bewusst erklären würden, dass unsere neuen menschlichen Verhaltensnormen sich nicht mehr nach der »Moral« oder dem ausrichten sollen, was Gott unserer willkürlichen Auffassung nach angeblich will oder befiehlt, sondern vielmehr daran, *was funktioniert und was nicht, entsprechend dem, was wir gerne tun möchten und als erstrebenswert betrachten.*

Wenn Sie beim Autorennen *Indianapolis 500 Speedway* gewinnen wollen, wäre es nicht »falsch«, 280 Stundenkilometer schnell zu fahren. Wenn Sie aber zum Einkaufen in den Supermarkt fahren, wäre es, wollen Sie nicht sich selbst und andere gefährden, entschieden die falsche Wahl, mit 280 durch die Stadt zu rasen – was Sie schon an den Tempolimits auf den Verkehrsschildern erkennen können.

Doch eine solche pragmatische Herangehensweise als neuer Maßstab für das menschliche Verhalten stellt uns vor Schwierigkeiten und Herausforderungen. (Um es noch ein-

9. These

mal zu betonen: Wir verwenden diesen Maßstab bereits – er ist Bestandteil unserer Gesetzgebung – wir geben es nur nicht offen zu.) Die Schwierigkeit ist, dass die Menschheit dann zugeben müsste, dass dieser Maßstab sowieso überall gilt, wir aber als Kollektiv keine Ahnung haben, *was eigentlich Ziel unseres Handelns ist.*

(Beispiel: Es ist nicht okay, »zuerst zu schießen und später Fragen zu stellen«. Doch wenn man es einen »Präventivschlag« nennt und Massenvernichtungswaffen einsetzt, um sich gegen die angeblichen Massenvernichtungswaffen einer anderen Nation zu schützen, die, wie sich später herausstellte, überhaupt nicht existierten, ist es okay. Oder das »Recht auf Selbstverteidigung«: Vor einem Gericht in Florida genügte es als Rechtfertigung für einen Mann, der einen anderen Besucher in einem Kino erschossen hatte – wo man laut Gesetz überhaupt keine Schusswaffe tragen darf. Nachdem der Todesschütze, ein pensionierter Polizist, sich dadurch gestört gefühlt hatte, dass das Opfer während der Werbeeinblendungen vor Beginn des Hauptfilms auf dem Smartphone textete, kam es zwischen den beiden zu einem Streit, bei dem das Opfer den Expolizisten angeblich mit einer Tüte Popcorn, nach anderen Aussagen mit einem Handy bewarf. Das genügte dem Täter als »Bedrohung«, um seine Pistole zu ziehen und den 43-jährigen Familienvater zu erschießen.)

Dieses ganze Konzept des moralisch »Richtigen« und »Falschen« werden wir weiter hinten in diesem Buch noch genauer unter die Lupe nehmen. Einstweilen sollten Sie wissen, dass unsere Verhaltensnormen zurzeit sehr chaotisch sind, weil bei den meisten Angehörigen unserer Spezies völlige

Verwirrung darüber herrscht, wer wir sind (unsere wahre Identität als fühlende Wesen) und warum wir hier sind (der wahre Sinn des Lebens und der Zweck unserer individuellen und kollektiven Erfahrungen).

Und *das* kommt daher, dass die Menschheit sich bezüglich der Realität, Funktion, Bestimmung und Natur Gottes völlig im Irrtum befindet.

10. These

Wir kommen nur in den Himmel, wenn Gott uns vergibt

Noch ein Missverständnis über Gott.

Viele Menschen benutzen den im vorigen Kapitel beschriebenen Maßstab, um zu beurteilen, ob ihr Handeln richtig oder falsch ist. Zugleich wollen sie nicht zugeben, dass sie ihn benutzen, und sie haben keine klare Vorstellung, was sie wirklich mit ihrer Zeit auf Erden anfangen wollen – was noch schlimmer ist. Da ist es verständlich, dass sie sich Sorgen machen, wie Gott im Licht dessen, was sie für eine lange Liste von Verfehlungen halten, über sie urteilen wird.

Milliarden Menschen finden aber Trost darin, dass ihnen von den meisten Religionen versichert wird, Gott werde ihnen sogar die schlimmsten Verstöße vergeben.

In der jüdischen Tradition kennt man *Teshuva*. Das ist die Möglichkeit, durch Reue Gottes Vergebung zu erlangen. In der katholischen Kirchenlehre gibt es das Sakrament der Beichte. Auch andere Religionen lehren, dass Gott uns vergeben wird.

Allerdings nur unter bestimmten Bedingungen.

Der Trick besteht darin, diese Bedingungen zu kennen … und dann muss man sie natürlich erfüllen.

Die Menschen erwarten, dass die Religionen ihnen sagen, um welche Bedingungen es sich handelt. Verkompliziert wird die Angelegenheit dadurch, dass die Bedingungen von Religion zu Religion variieren. So ist es für Milliarden Menschen von höchster Wichtigkeit, der *richtigen* Religion anzugehören.

Jetzt kommt das große *Was wäre, wenn ...*

**Was wäre, wenn Gott uns
niemals irgendetwas vergibt?**

**Was wäre, wenn Gott das ganze
Konzept der Vergebung für überflüssig hält?**

Würde das einen Unterschied machen? Spielt es eine Rolle? Würde es sich spürbar auf unsere irdische Erfahrung auswirken?

Ja. Natürlich würde es das. Die Vergebung ist einer der Dreh- und Angelpunkte aller Glaubenstraditionen – und somit auch der Moralvorstellungen des größten Teils der Menschheit. Wenn Vergebung in den menschlichen Angelegenheiten (gar nicht zu reden von den Angelegenheiten Gottes) fehl am Platz ist, welche Hoffnung gibt es dann für uns Menschen, uns über Feindseligkeit und Rache hinauszuentwickeln?

Allerdings gibt es, obwohl die Religion so viel Wert auf Vergebung als Werkzeug für Heilung und Erneuerung legt, wenig Beweise für evolutionäre Fortschritte in diese Richtung. In mancher Hinsicht scheint unsere Spezies sich sogar *zurückzuentwickeln*. Feindseligkeit, Verbitterung und Rache belasten die menschliche Erfahrung heute mehr denn je. Oft wird sie davon völlig beherrscht.

Tag für Tag, Woche für Woche, Monat für Monat sind die Schlagzeilen voll von Meldungen über Kriege, Aufstände, gewaltsame Regierungszusammenbrüche, herzlose Grausamkeiten, Gewaltausbrüche und bitteres, feindseliges Verhalten.

Es scheint offensichtlich, dass einfache Vergebung dagegen wenig auszurichten vermag. Man wird etwas anderes, Mächtigeres brauchen, um Kummer aufzulösen und den scheinbar unersättlichen Hunger der Menschen nach Rache zu heilen und so der wachsenden Gewalttätigkeit Einhalt zu gebieten.

Doch wie kann man von uns erwarten, unsere Rachlust zu zügeln, wenn wir von Religionen umgeben sind, die verkünden: *Mein ist die Rache, spricht der Herr*? Sollen wir uns eine Mäßigung auferlegen, die Gott offenbar nicht kennt?

Würde der menschliche Hang zu Vergeltung und Rache verschwinden, wenn uns gesagt wird, dass Gott niemals vergibt, weil er Vergebung als *unnötig* betrachtet – und wenn uns erklärt wird, warum das so ist?

Ich denke, die Antwort auf diese Frage ist offensichtlich.

GOTTES BOTSCHAFT AN DIE WELT

Vom Anbeginn der Zeit hat Gott uns gesagt, und von Tag zu Tag zeigt es sich deutlicher, **dass die alte überlieferte Geschichte der Menschheit über Vergebung schlichtweg falsch ist.**

Es ist völlig in Ordnung, wenn wir diese alte Lehre aufgeben und damit aufhören, sie ständig aufs Neue uns und unseren Kindern zu erzählen.

Wenn wir uns anschauen, was bislang zu diesem Thema offenbart wurde, zeigt sich, dass mehrere bereits in diesem Buch dargelegte Elemente der gesamten Erzählung eine logische Linie formen, die uns zu verstehen hilft, warum Gott der Menschheit jene Botschaft schickt, die den Untertitel dieses Buches bildet: *Ihr habt mich nicht verstanden!*

Verfolgen Sie nun, wie diese Puzzleteile – Kommentare und Beobachtungen, die Sie hier bereits gelesen haben – sich noch enger miteinander zu einem Muster verweben und uns wichtige neue Einsichten ermöglichen.

Wir werden zu der Erkenntnis eingeladen, dass Vergebung zwar ein wunderbares Werkzeug sein kann, solange wir uns auf der normalen menschlichen Erfahrungs- und Bewusstseinsebene bewegen, dass sie jedoch *zum Hindernis für unsere spirituelle Entwicklung werden kann.*

Sobald jemand sich über die üblichen menschlichen Bewusstseinsebenen erheben möchte, um zu höherer Bewusstheit zu gelangen, fällt die Idee der »Vergebung« als Hilfsmittel für Wachstum und Heilung unverzüglich weg. An dieser Stelle wird »Verstehen« zum effektivsten und mächtigsten Werkzeug.

Gott hat uns gesagt: *Im Bewusstsein des Meisters ersetzt Verstehen die Vergebung.*

10. These

Unsere Seele weiß – und erinnert uns hier in diesem Buch daran –, dass wir alle Aspekte und Individualisierungen des Göttlichen sind. Aus diesem Grund kann unsere Seele niemals verletzt oder geschädigt werden. Und so müssen wir niemals irgendjemandem irgendetwas vergeben, denn jede Erfahrung in unserem Leben bringt uns auf der evolutionären Reise unserer Seele ein Stück voran. Daher ist jede Erfahrung ein Grund, dankbar zu sein und sie zu feiern.

Und es gibt noch einen Grund, warum Vergebung unnötig ist.

Da wir alle *Mitwirkende* bei der Erschaffung unserer äußeren Erfahrung sind, kann in der Geschichte, die wir kollektiv hervorbringen, niemand von uns, im spirituellen Sinn, ein Opfer sein. Im menschlichen Sinn mag es so aussehen, aber wenn unser Geist sich für die Weisheit der Seele öffnet, erkennen wir, dass wir genauso wenig Opfer unserer individuellen Kreuzigung sind, wie Christus es bei seiner war.

In dem Augenblick, in dem wir akzeptieren, dass wir, jede und jeder Einzelne von uns, individualisierte Ausdrucksformen des Göttlichen sind, wird uns klar, dass uns nichts geschehen kann, sondern dass alles *durch* uns geschieht.

Wir erkennen, dass unsere gesamte Erfahrung auf Erden von uns allen gemeinsam erzeugt wird, in einem Prozess, der der Agenda des Ganzen dient – durch die individuelle Entfaltung und das individuelle Erleben seiner vielen Teile.

Wie Christus verstehen wir völlig, warum in unserem Leben geschieht, was geschieht, weil wir begreifen, Wer Wir Sind, wo wir sind und warum wir hier auf der Erde sind und unsere Erfahrungen im Reich der Materie machen.

Plötzlich kennen wir den Grund für unsere Begegnungen und unsere Verbindung mit bestimmten Menschen – denen wir ihr Verhalten früher nie verziehen hätten. Doch nun schauen wir nicht mehr »wie durch ein dunkles Glas«, sondern wir beobachten mit den Augen der Seele. Endlich erkennen wir die Logik der Seele und unsere himmlische Bestimmung, die darin besteht, dass wir mitwirken bei der Erschaffung von allem, was in unserem Leben geschah, geschieht und jemals geschehen wird.

Unser Leben versorgt uns mit Erfahrungen, Ereignissen, Menschen, Situationen und Umständen, die in idealer und kooperativer Weise *von* uns *für* uns erzeugt werden – als Pfade der Selbsterkenntnis und Selbstverwirklichung.

In dem Augenblick, wenn der Geist sich für das Wissen der Seele öffnet, erkennen wir mit verblüffender, erstaunlicher Klarheit, dass alles, was geschieht – wirklich *alles* –, zwar nicht immer unsere ungeteilte Zustimmung findet, aber immer unserem natürlichen spirituellen Wohl dient, in dem Sinne, dass wir kollektiv Situationen und Zustände erschaffen, die es uns ermöglichen, zu verkünden, zum Ausdruck zu bringen, zu erfüllen, zu erfahren und zu werden, *Wer Wir Wirklich Sind*. Das sind die Momente, in denen Gott »Fleisch wird und unter uns wohnt«.

~

Es gibt sogar noch einen dritten Grund, warum Vergebung im Erleben jener, die verstehen, fehl am Platz ist – ein Grund, auf den wir schon einmal hingewiesen haben.

10. These

Ich fragte bereits und frage es wieder: Wenn das kleine Kind die Milch umwirft, weil es gierig nach dem Schokoladenkuchen greift, oder wenn der ältere Bruder den kleineren »betrügt«, um mehr von dem Kuchen abzubekommen, würden wir auch nur auf die Idee kommen, diese Kinder deshalb mit der ewigen Verdammnis zu bestrafen? Natürlich nicht. Wir verstehen, dass Kinder einfach Kinder sind – noch nicht in der Lage, ihre Handlungen ganz zu begreifen (oder sie überhaupt zu kontrollieren).

Noch einmal, damit Sie es nicht vergessen: Genau so sieht Gott uns, und wir alle sind eingeladen, uns gegenseitig so zu sehen. Nicht nur die Kinder unter uns, sondern alle Kinder Gottes, ganz gleich wie alt sie sind.

～

Viele Menschen beharren auch weiterhin darauf, dass Gott bestimmte Sünden einfach nicht vergibt, womit wir dann unsere eigene Unversöhnlichkeit rechtfertigen. Aber ist denn vorstellbar, dass Gott uns gegenüber weniger mitfühlend und verständnisvoll sein soll, als wir es gegenüber unseren Kindern sind? Und einem ewigen Gott, der seit Jahrmilliarden existiert, wird doch wohl klar sein, dass wir Menschen mit unserer Geschichte, die verglichen mit der Lebensdauer des gesamten Kosmos noch kaum einen Atemzug alt ist, wahrhaftig die *Kinder des Universums* sind!

Selbst wenn es im Himmel tatsächlich ein Bedürfnis nach göttlicher Gerechtigkeit geben sollte (woran viele Religionen unbeirrbar festhalten), würde Gott unsere Kindlichkeit doch wohl als mildernden Umstand gelten lassen, oder nicht? Selbst vor menschlichen Gerichten gelten Kinder als »schuldunfähig«. Ist es zu viel verlangt, von Gott zu erwarten, dass er sich an solche ethischen Maßstäbe hält?

~

Also fragen wir im Hinblick auf die Vergebung der Sünden: Könnte es sein, dass wir Gott völlig missverstanden haben?

Was wäre, wenn es zutrifft, dass von unserer Spezies nichts verlangt oder erwartet wird, ganz unabhängig davon, wie alt oder jung sie im Vergleich zum Rest des Universums ist? Was wäre, wenn es zutrifft, dass Gott ein allmächtiges Wesen ist – ja, die *Quelle* aller Macht – und deshalb von den Menschen nicht das Geringste benötigt oder einfordert? Was wäre, wenn irgendwelche Formen der Vergeltung oder Bestrafung wirklich das Letzte sind, wonach Gott der Sinn steht?

Was wäre, wenn Gott für uns nur einen Wunsch hat: dass wir glücklich sind, zu völliger Selbstentfaltung gelangen und in Freude das Leben erfahren? Und was wäre, wenn Gott sich völlig darüber im Klaren ist, dass wir als eine noch sehr unreife Spezies auf unserem Evolutionsweg Dinge tun, die wir im Nachhinein als Fehler einstufen – teilweise als entsetzliche Fehler.

Oder, einfach ausgedrückt: Könnte es sein, dass Gott mindestens so freundlich und fürsorglich, so mitfühlend und verständnisvoll wie unsere eigenen Großeltern ist?

10. These

Vielleicht würde es uns sehr helfen, dies als Wahrheit anzuerkennen:

*Im Bewusstsein des Meisters
ersetzt Verstehen die Vergebung.*

Aus der neuen spirituellen Perspektive unserer erwachenden Spezies ergibt sich die Frage: Was wäre, wenn wir nicht Kinder eines mit Mängeln behafteten Gottes sind, sondern Kinder des Großzügigsten, Wunderbarsten und Liebevollsten Gottes, den wir uns nur vorstellen können?
Das ist die wunderbare Wahrheit.
Das ist die Höchste Realität.
Alles andere ist eine von uns selbst erfundene Geschichte.
Gottes Vergebung ist nicht notwendig, weil Gott uns – und alle unsere Verhaltensweisen – vollkommen versteht. Und Gott betrachtet uns und alle unsere Verhaltensweisen als Manifestationen und Demonstrationen des evolutionären Lebensprozesses.
Vergebung wird vollkommen unnötig, wenn unser bisheriges mangelndes Verständnis für den Prozess der Evolution durch Erkenntnis und Verstehen ersetzt wird, und wenn diese Erkenntnis aus der tiefen Einsicht kommt, dass alles Leben in jeder Form seiner Entwicklung ein Ausdruck des Göttlichen ist.

11. These

Gott hat etwas Bestimmtes mit uns vor

Noch ein Missverständnis über Gott.

Der größte Teil der Menschheit glaubt an einen Gott, der für jeden Menschen einen speziellen Plan hat. Dieser Gott soll angeblich jeden von uns mit speziellen Talenten und Eigenschaften ausgestattet haben, damit wir eine individuelle Mission ausführen und im Lauf unseres Lebens klar festgelegte Zwecke erfüllen.

Unsere Aufgabe besteht demnach darin, diesen Plan Gottes für unser Leben zu erkennen und ihn dann auszuführen, so gut wir können. Oder, im besten Fall, »dem Plan zu folgen«, so wie er sich uns durch die Ereignisse in unserem Alltag offenbart.

Jetzt kommt das große *Was wäre, wenn ...*

**Was wäre, wenn Gott
keinen besonderen Plan für uns hat?**

**Was wäre, wenn es für Gott nicht wesentlich ist,
was wir mit unserem Leben anfangen und
wie wir unsere Zeit verbringen?**

Würde das einen Unterschied machen? Spielt es eine Rolle? Würde es sich spürbar auf unsere irdische Erfahrung auswirken?

Ja. Zuerst einmal würde es uns von der Last befreien, herausfinden zu müssen, was genau Gott denn von uns will im Hinblick darauf, wie wir unser Leben führen. Wir könnten unsere heilige Suche nach dem heiligen Auftrag, den Gott angeblich für uns persönlich hat, einfach beenden.

Dann könnten wir, mit vollem Bewusstsein und ernsthaft, jene Reise beginnen, für die wir in Wahrheit auf die Erde gekommen sind. Dabei geht es nicht um Gottes »Plan«, sondern um die Sehnsucht unserer Seele. Und die hat immer damit zu tun, was wir *sind*, nicht damit, was wir *tun*.

Wenn wir akzeptieren, dass Gott keinen speziellen Plan für uns hat, können wir dem Aufmerksamkeit schenken, was unser Leben uns an Gelegenheiten bietet, das *Sein* zu erfahren – statt darüber nachzugrübeln, was Gott wohl für uns geplant hat. Und wir würden damit aufhören, bestimmte Begebenheiten, Zufälle und Begegnungen als »Zeichen Gottes« dafür zu interpretieren, dass die Zeit gekommen ist, »Gottes Plan« auszuführen.

Und wenn wir außerdem akzeptieren, dass es *keinen* Plan Gottes für uns gibt, können wir alle Ideen über Vorherbestimmung und jede Vorstellung fallen lassen, dass im göttlichen Geist eine Agenda für uns existiert, die er (aus unerfindlichen Gründen) vor uns verbirgt und geheim hält.

Wir könnten auch damit aufhören, einander aus der Idee heraus zu töten, es wäre »Gottes Plan«, dass es eine »von Gott auserwählte« Nation auf der Erde geben muss, die auf besondere Art an Gott glaubt und seinen Willen ausführt – selbst wenn Tausende andere Menschen getötet werden müssen, um diese Nation zu erschaffen.

Gottes botschaft an die welt

Vom Anbeginn der Zeit hat Gott uns gesagt, und von Tag zu Tag zeigt es sich deutlicher, **dass die alte überlieferte Geschichte der Menschheit darüber, dass Gott einen Plan für uns hat, schlichtweg falsch ist.**

Es ist völlig in Ordnung, wenn wir diese alte Lehre aufgeben und damit aufhören, sie ständig aufs Neue uns und unseren Kindern zu erzählen.

Wenn Gott einen Plan für jeden einzelnen Menschen hätte – oder für die menschliche Spezies insgesamt –, hätte Gott uns das schon vor langer Zeit mitgeteilt.

Es gibt keinen Grund, warum Gott uns nicht längst kristallklar und detailliert hätte kundtun sollen, welchen Plan er für uns hat. Warum sollte Gott für jeden einzelnen Menschen einen besonderen Lebensweg entwerfen, dies aber niemandem von uns mitteilen?

Manche entgegnen darauf: »Gott *sagt* uns, wie der Plan aussieht. Wir schenken dem nur keine Aufmerksamkeit.« Soll das heißen, dass Gott unmittelbar zu jedem Menschen spricht, wir aber nicht zuhören?

Und es gibt noch größere Fragen: Warum sollte Gott denn überhaupt einen speziellen Plan für jeden einzelnen

Menschen haben? Welchem göttlichen Zweck könnte das dienen?

Würde es nicht einem größeren göttlichen Zweck dienen, wenn Gott einfach die Macht und die Mechanismen zur Verfügung stellt, die es jedem intelligenten, fühlenden Wesen ermöglichen, selbst zu entscheiden und zum Ausdruck zu bringen, was es gerne sein möchte, statt einem Plan folgen zu müssen, der im Voraus festgelegt wurde?

Es *gibt* eine göttliche Absicht. Aber eine Absicht ist kein Plan. Eine Absicht ist der *Grund*, aus dem wir handeln. Ein Plan legt fest, was wir wann tun.

Unsere gemeinsame Erfahrung auf der Erde ist nicht einfach ein Zufall, nicht bloß das jüngste in einer seit Millionen Jahren stattfindenden Abfolge biologischer Ereignisse. Es handelt sich nicht bloß um ein physikalisches Leben aus keinem weiteren Grund als der Fortführung eines Prozesses, der ohne unsere Beteiligung und unser Einverständnis in Gang gesetzt wurde. Nein, hier findet viel mehr statt. Und diese Absicht ist erheblich weitreichender als das bloße Durchleben einer Serie vorausgeplanter Ereignisse.

Gottes Agenda sieht vor, dass alle Lebensformen im Reich der Materie Göttlichkeit zum Ausdruck bringen. Jede Seele, als ein individualisierter Ausdruck des Göttlichen, hat dafür eine Ewigkeit Zeit, und es steht ihr eine unendliche Zahl von Möglichkeiten zur Verfügung.

11. These

Die Seele nutzt das materielle Leben willentlich und absichtsvoll als Mittel, das Göttliche in all seinen Aspekten zum Ausdruck zu bringen und zu erfahren. Diese Aspekte sind grenzenlos. Demnach müsste auch das Leben unendlich sein, um sie alle erfahren zu können. Und genau so ist es.

Jede einzelne Ausdrucksform im unendlichen Leben einer Seele bietet ihr die Gelegenheit, jeden von ihr jeweils gewünschten Aspekt des Göttlichen zu erleben, der erlebbar ist. So kommt die Seele mit einer Agenda in jedes Leben, aber nicht mit einem Plan. Die Agenda der Seele könnte zum Beispiel darin bestehen, Mitgefühl zum Ausdruck zu bringen und zu erleben – oder Geduld oder Einsicht. Aber die Seele kommt nicht mit einer im Voraus festgelegten Bestimmung auf die Welt, dies dadurch umzusetzen, dass sie beispielsweise Krankenschwester wird oder ein Buch über die menschliche Psychologie schreibt.

Wiederholen wir also: Eine Agenda ist die dem Verhalten eines Individuums oder einer Gruppe zugrunde liegende Absicht, das Motiv. Ein Plan dagegen befasst sich mit dem Prozess, dem konkreten Handeln. Es ist ein festgelegter Weg, ein Ziel zu erreichen, eine Absicht zu verwirklichen. Gott und die Seele haben eine Agenda, aber weder Gott noch die Seele schreiben einem Menschen vor, was er tun soll, um diese Agenda zu verwirklichen.

Daher ist es nicht »Gottes Plan«, dass eine bestimmte Person als Kind einen Autounfall erleidet oder die Scheidung der Eltern erlebt oder dreimal heiratet oder keine Kinder bekommt oder vier Kinder bekommt oder an Leukämie erkrankt oder nach Nebraska zieht oder eine berühmte Malerin wird oder zur richtigen Zeit am richtigen Ort den richtigen Menschen trifft, der ihr den großen Karrieredurchbruch ermöglicht.

Es ist nicht »Gottes Plan«, wenn ein Mensch Geistlicher wird statt Profifußballer oder ein anderer dynamischer Staatsmann wird statt ein dynamischer Country-Music-Star.

Das alles *ist* aber Gottes Agenda, die von der Seele ins Reich der Materie getragen wird, damit die Seele Gelegenheit erhält, Seinszustände zu erleben – die, in der Gesamtsumme der Erfahrungen aller Wesen, dem All-Einen entsprechen, das wir Gott nennen. Oder wie oben schon gesagt:

Gottes Agenda sieht vor, dass alle Lebensformen im Reich der Materie Göttlichkeit zum Ausdruck bringen. Jede Seele, als ein individualisierter Ausdruck des Göttlichen, hat dafür eine Ewigkeit Zeit, und es steht ihr eine unendliche Zahl von Möglichkeiten zur Verfügung.

∽

Was sind nun diese Seinszustände, die die vielen Teile oder Aspekte Gottes repräsentieren? Die Agenda unserer Seele lädt uns dazu ein, vieles zu sein:

- kreativ zum Beispiel. Oder mitfühlend.
- verständnisvoll zum Beispiel. Oder geduldig.
- hilfsbereit zum Beispiel. Oder großzügig.
- liebevoll zum Beispiel. Oder segensreich.

11. These

Alles das sind Seinszustände. Diese, und noch viele mehr, können im ewigen Jetzt in jedem Augenblick erlebt werden, individuell oder gemeinsam.

Vielleicht denken Sie jetzt: »*Das* ist es? Das soll alles sein, worum es im Leben geht? Ich hatte gehofft, dass es eine echte *Aufgabe* für mich gibt! Dass ich wirklich etwas *tun* kann, was zählt. Etwas, das Gutes für andere und die Welt insgesamt bewirkt. Etwas, das mir Erfüllung schenkt.«

Doch genau darum geht es bei der Agenda, Seinszustände zum Ausdruck zu bringen und zu erleben. Wenn wir uns das Leben genauer anschauen, sehen wir, dass alles, was wir mit unserem Leben anfangen könnten, nichts weiter als Herangehensweisen, Methoden, Prozesse, *Impulse* sind, die uns in Seinszustände führen. Jeder Gedanke, jedes Wort, jede Handlung erzeugt *Sein*. Das ist ihr einziger Zweck. In *Gespräche mit Gott* heißt es: *Jede Handlung ist ein Akt der Selbstdefinition.*

Wenn Sie herausfinden möchten, für welche Art des *Seins* sich Ihre Seele entschieden hat, schauen Sie einfach, was Ihnen am meisten Freude macht. Welche Impulse lassen Sie aktiv werden? Welches Gefühl elektrisiert Sie mehr als alle anderen?

Darauf bewusst zu achten kann Ihr ganzes Leben verändern. Und als nächster Schritt folgt die Erkenntnis, dass sich das, was Sie *sein* möchten, indem Sie etwas Bestimmtes auf bestimmte Weise tun, auch noch auf unendlich viele andere Arten verwirklichen lässt.

Und *das* wird zur größten Freiheit im Leben: die Befreiung davon, so zu leben, als müssten Sie unbedingt etwas

Bestimmtes *tun*, um das *sein* zu können, wonach Ihre Seele sich sehnt.

Nun tun sich wunderbare Möglichkeiten für Sie auf! Sie können den Weg, den Sie einschlagen möchten, frei wählen. Denn Sie können *sein*, was Sie gerne *sein* möchten, indem Sie tun, was immer Sie möchten – oder indem Sie nichts tun. Sie können sich aber auch entscheiden, etwas *anderes* sein zu wollen, einfach weil Sie Ihre Meinung geändert haben. Und indem Sie den Weg wählen, der Ihnen am meisten Freude bereitet, *leben* Sie, statt bloß Ihren Lebensunterhalt zu verdienen.

~

Es stimmt, in unserem Leben fügen sich die Dinge manchmal so perfekt, dass wir ausrufen: »Das ist Gottes Plan!« Oder die Dinge funktionieren nicht so, wie wir es uns erhofft oder vorgestellt haben, und dann sagen wir vielleicht: »Gott hat wohl andere Pläne mit mir.«

Solche Redensarten zeigen, wie sehr die Vorstellung, Gott habe spezielle Pläne für jeden einzelnen Menschen, in unserer Kultur verwurzelt ist. Es ist aber empfehlenswert, sie besser nicht für bare Münze zu nehmen, denn sonst werden wir eine Menge Zeit damit vergeuden, herauszufinden, »was Gott mit uns vorhat«.

Wir werden jeden Eindruck, jede Energie, jedes Ereignis daran messen, ob wir glauben, es sei das, was Gott mit uns vorhat – während Gott in Wahrheit überhaupt keine Pläne für uns hat. Nicht in dem Sinn, dass wir »Metzger, Bäcker

11. These

oder Kerzenmacher« werden sollen. Seine Pläne für uns beinhalten nur, dass wir unser Leben dafür nutzen sollen, das, *was wir wirklich sind und sein wollen*, in seinen höchsten und freudigsten Aspekten zu erfahren.

Der Sinn des Lebens, *überall* und in *jeglicher* Gestalt, besteht darin, Göttlichkeit zum Ausdruck zu bringen. Dabei ist die materielle Welt das Vehikel, durch das Gott sich selbst erfährt, und zwar in der totalen Vielfalt aller Daseinsweisen und -formen.

Dieses geschieht, indem Gott sich selbst »in Einzelteile zerlegt« und dann dieser Vielzahl großartiger Einzelteile alles Erforderliche mit auf den Weg gibt, das Leben in aller Vielfalt zum Ausdruck zu bringen – aber ohne ihnen spezifische Anweisungen, Forderungen oder Pläne vorzugeben.

∼

Die Lebensformen im Kosmos sind mit verschiedenen Graden von Bewusstsein ausgestattet, dem, was man auch Selbst-Bewusstheit nennen könnte. Diese angeborene Fähigkeit, sich selbst als individuelle Ausdrucksform des Göttlichen zu erkennen, ist allen fühlenden Wesen gegeben. Durch den Prozess der Evolution nimmt diese Bewusstheit immer mehr zu.

Sich zum vollen Erleben und Entfalten des wahren göttlichen Seins hin zu entwickeln ist die Reise, auf der sich jede Seele befindet, und die Vollendung dieser Reise geschieht jedes Mal, wenn unsere höchste Idee des Göttlichen von uns zum Ausdruck gebracht wird.

Der Lebensprozess (im Gegensatz zu »dem Plan«) besteht darin, dass wir alle einfach genau das *tun*, auf jede Weise, zu der wir uns frei und spontan entschließen. Dies geschieht im Rahmen der Möglichkeiten, die sich uns täglich durch die kollektive Schöpfung aller gemeinsam mit uns schöpferischen Seelen eröffnen.

Die Vollendung der Seelenreise ist demnach nicht etwas, das ein einziges Mal erlebt wird, sondern sie ereignet sich in der fortlaufenden Manifestation, die das Leben ist, immer wieder – jetzt und in Ewigkeit.

Für viele Menschen hat das aber einen Nachteil. Die Menschen fühlen sich wohler, wenn sie das Gefühl haben, geführt zu werden. Sie mögen es, Anweisungen zu erhalten. Sie mögen es, wenn ihnen gesagt wird, was sie tun sollen. Als noch junge, unreife Spezies haben sie einen Hang dazu. Wie Kinder fühlen sie sich sicher, wenn ihnen klare Grenzen gesetzt und genaue Anweisungen erteilt werden. Dann müssen sie nichts weiter tun, als die Anforderungen zu erfüllen. Deswegen ist die Religion so beliebt. Sie ermöglicht es den Menschen, ihrem tiefen inneren Impuls hin zum Göttlichen zu folgen, ohne selbst herausfinden zu müssen, wie sie dorthin gelangen können.

Für manche Menschen ist es deshalb eine Enttäuschung, wenn sie erfahren, dass Gott keine Pläne für uns hat und uns keine Anweisungen erteilt.

Die Erkenntnis, dass Gottes Agenda für uns darin besteht, selbst entscheiden zu können, wer wir sein und wie wir das zum Ausdruck bringen wollen, kann befreiend und beängstigend zugleich sein.

11. These

Doch Gott ist wie der Meisterlehrer an einer Kunstschule. Die besten Kunstlehrer sagen zu den sich entfaltenden Künstlern nicht: »Hier ist deine Leinwand. Du hast eine Stunde Zeit, etwas zu erschaffen. Oh, aber achte darauf, dass es in dem Bild Bordeauxrot und einen großen Klecks Orange gibt, und platziere das Orange in der oberen rechten Ecke. Auch will ich eine dreidimensionale Tiefenwirkung haben, und im Vordergrund müssen Kinder zu sehen sein, und dann soll irgendwo ein Telefon abgebildet sein.«

Der Meisterlehrer weiß, dass der Zweck des Unterrichts nicht darin besteht, dem Schüler etwas von außen aufzuprägen, sondern ihm zu helfen, das zu entdecken und zu entfalten, was *in* ihm ist. Deshalb stellt der Meisterlehrer dem Schüler einfach alle Werkzeuge und Materialien zur Verfügung – Malkreide, Stifte, Pinsel, Farben –, die für ein bestimmtes Medium benötigt werden, und sagt lächelnd: »Jetzt erschaffe voller Freude!«

»Aber was ist, wenn ich es nicht richtig mache?«, fragt der ängstliche Schüler.

»Du kannst nichts falsch machen«, versichert ihm der Lehrer. »*Es ist Kunst!*«

12. These

Gott ist auf unserer Seite

Noch ein Missverständnis über Gott.

Zu den besonders verbreiteten Ideen über Gott gehört die, dass Gott auf unserer Seite ist. Gott bevorzugt unser Team. Er gewährt uns Vergünstigungen, weil wir seine Günstlinge sind.

Wenn wir in den Krieg ziehen, reden wir uns ein, dass Gott auf unserer Seite ist. Wenn wir in einem Terrorakt Tausende Menschen töten, ist Gott auf unserer Seite. Wenn wir darum kämpfen, unsere Religion zur weltweit vorherrschenden Religion zu machen, ist Gott auf unserer Seite. Wenn wir einen neuen Staat gründen, ist Gott auf unserer Seite. Wenn wir versuchen, einen alten Staat in Stücke zu reißen, ist Gott auf unserer Seite. Wenn wir eine soziale, politische oder ökonomische Revolution anzetteln, ist Gott auf unserer Seite.

Und ganz besonders wenn wir versuchen, unsere Taten zu rechtfertigen, ist Gott auf unserer Seite – weswegen jeder Angriff immer als Verteidigung ausgegeben wird. Haben Sie das schon bemerkt? Niemand gibt je einen Angriff zu. Alle Angriffe werden immer als Verteidigung bezeichnet und dadurch gerechtfertigt.

Auch bei positiven Angelegenheiten ist Gott auf unserer Seite. Wir sagen uns, dass wir in einem Wahlkampf erfolgreich sind, weil Gott auf unserer Seite ist. Wir haben diesen tollen Vertrag an Land gezogen, weil Gott auf unserer Seite ist. Wir sind trotz eines schrecklichen Verkehrsstaus rechtzeitig zur Hochzeit gekommen, weil Gott auf unserer Seite ist.

Warten Sie, es wird noch trivialer. Wir haben bei der Weltmeisterschaft das entscheidende Tor geschossen, weil Gott auf unserer Seite ist. Wir haben das Tennisturnier gewonnen, weil Gott auf unserer Seite ist.

(Bei jedem Erfolg, den wir als Baseballspieler oder in irgendeiner anderen Sportart erzielen, fallen wir auf die Knie und bekreuzigen uns, um vor aller Welt zu demonstrieren, dass wir Gott preisen und ihm danken.)

Gott will, dass *unsere* Mannschaft das Turnier gewinnt.

Das ist die Botschaft, laut und klar.

Gott bevorzugt *uns*.

Gott ist auf unserer Seite und will, dass wir das gegnerische Tor treffen. Gott ist auf unserer Seite und will, dass wir die meisten Stimmen bekommen und gewinnen. Gott ist auf unserer Seite, nicht auf der Seite der anderen. Wäre er auf deren Seite, würden die anderen gewinnen. Wäre Gott auf der Seite *aller*, gäbe es immer ein Unentschieden. Dann würde keine Anstrengung zum Sieg über die anderen führen.

Aber zum Glück ist es ja nicht so. Gott will, dass *Ihre* Seite den Krieg gewinnt. Gott will, dass *Sie* mit *Ihrer* Idee viele Tausend Dollar verdienen. Gott will, dass für *Sie* immer ein Parkplatz frei ist.

Ja, die Botschaft ist klar.

12. These

Und wir alle können, ohne darin den geringsten Widerspruch zu sehen, sagen, dass *Gott auf unserer Seite ist.*

Jetzt kommt das große *Was wäre, wenn ...*

Was wäre, wenn Gott überhaupt nicht auf der Seite von irgendjemandem ist?

Was wäre, wenn es Gott völlig egal ist, wer »gewinnt«, wer »verliert«, wer »recht hat« und wer sich »irrt«, wer »erfolgreich« ist und wer »scheitert«?

Würde das einen Unterschied machen? Spielt es eine Rolle? Würde es sich spürbar auf unsere irdische Erfahrung auswirken?

Ja, natürlich würde es das! Gegenwärtig sind sich Milliarden Menschen sicher, dass Gott auf ihrer Seite ist – und es gibt wohl kaum eine gefährlichere Art zu denken als diese.

Diese Vorstellung hat zu mehr Leid verursachenden Taten geführt als fast alle anderen Ideen. Wie spirituell arrogant sie ist, wird von den meisten Leuten ignoriert. Sie weichen dem doch offensichtlichen Schluss aus, dass Gott nicht auf der Seite der anderen sein kann, wenn er auf *ihrer* ist.

Damit machen sie Gott zu einem höchsten Wesen, das Sieger und Verlierer bestimmt, Ideen für wertvoll oder wertlos erklärt, Entscheidungen fair oder unfair nennt, Länder als gut oder böse einstuft, Religionen als richtig oder falsch klassifiziert, Menschen erlöst oder sie als auf ewig verdammt brandmarkt und überhaupt alle Arten von Vorlieben und Launen zeigt, kategorisiert, wertet und urteilt.

Und wenn Gott auf unserer Seite ist, dann stimmen natürlich auch seine Vorlieben und Launen, seine Kategorisierungen, Wertungen und Urteile genau mit den unseren überein.

Gottes botschaft an die welt

Vom Anbeginn der Zeit hat Gott uns gesagt, und von Tag zu Tag zeigt es sich deutlicher, **dass die alte überlieferte Geschichte der Menschheit, wonach Gott auf unserer Seite sein soll, schlichtweg falsch ist.**

Es ist völlig in Ordnung, wenn wir diese alte Lehre aufgeben und damit aufhören, sie ständig aufs Neue uns und unseren Kindern zu erzählen.

Wir sollten uns unbedingt bewusst machen, dass Gott nicht nach unserem Ebenbild erschaffen wurde. Es ist umgekehrt. Der Mensch ist nach dem Ebenbild Gottes erschaffen.

Das sollte weltweit auf den Reklametafeln stehen:

Gott wurde nicht nach unserem Ebenbild erschaffen.
Es ist umgekehrt.

Das bedeutet, dass Menschen göttlich sind. Jeder Mensch trägt alle Eigenschaften der Göttlichkeit in sich. Es bedeutet *nicht*, dass Gott menschliche Eigenschaften hat. Gott mag die Los Angeles Dodgers nicht lieber als die Atlanta Braves. Und Gott wünscht Ihrem Land nicht mehr als allen anderen, dass es die Weltmeisterschaft gewinnt.

12. These

Gott hofft nicht, dass Ihr Land den Krieg gegen das Land gewinnt, gegen das Sie kämpfen. Und Gott unterstützt die Weltrevolutionäre nicht mehr als die Regierungen der Welt. Und Gott stimmt mit den Werten der Republikanischen Partei nicht stärker überein als mit den Werten der Demokratischen Partei.

Es ist an der Zeit, dass wir Menschen uns endlich von dem Glauben verabschieden, Gott habe spezielle Vorlieben. Als Erstes mussten wir uns von der Idee trennen, Gott wäre eine Art Markenname, und jetzt setzen wir auch den Gott der Vorlieben auf die Streichliste.

Wo wir gerade dabei sind: Es ist an der Zeit, einige fundamentale Ideen endgültig aufzugeben, denen viele Leute immer noch anhängen. Gott denkt nicht, dass Frauen für das Priesteramt ungeeignet sind, dass Schwule nicht heiraten dürfen oder auch dass für Nichtchristen der Himmel verschlossen ist.

Auch wenn manche Leute sich das nur schwer vorstellen können, möchten wir an dieser Stelle erneut betonen, dass Gott Baptisten nicht Hindus vorzieht, Katholiken nicht lieber mag als Juden, Muslime nicht gegenüber Mormonen bevorzugt und überhaupt keinerlei religiöse Präferenzen hat. Gott bevorzugt noch nicht einmal die, die an Gott glauben, gegenüber denen, die nicht an Gott glauben.

Das sind alles nicht Gottes Ideen. Es sind die Ideen von Menschen, die *glauben*, es wären Gottes Ideen.

Wir haben schon gesagt und werden es wieder sagen: Gott ist nicht der HERR, ein männliches Wesen, dessen Name in Großbuchstaben geschrieben werden muss. Gott ist die Wunderbare Intelligenz und die ursprüngliche, im gesamten Universum präsente Energie ... eine Intelligenz und Energie ohne persönliche Identität.

Ist es wirklich vorstellbar, Gott hätte eine Lieblingsfarbe oder Lieblingszahl, eine Lieblingsmannschaft, einen Lieblingssportler, eine bevorzugte Nation oder Religion, ein bevorzugtes Geschlecht oder eine gegenüber allen anderen favorisierte Rasse?

Fühlt es sich realistisch an, dass Gott spezielle politische Ansichten hat, spezifische Meinungen zu ökonomischen, sozialen oder spirituellen Fragen? Und wenn ja, *welche?*

Moment. Diese Frage erübrigt sich. Die Menschen mit speziellen Ansichten werden es Ihnen sagen: *ihre* natürlich!

Also ... auch wenn damit die ganzen Behauptungen ausgehebelt werden, die uns politische Parteien, Nationen und Religionen darüber auftischen, dass sie die einzigen Bewahrer moralischer Werte und die letzten Bastionen der Spiritualität seien, ist es unerlässlich, dass die Menschheit sich über die wahre Natur des Göttlichen und die Fakten der Höchsten Realität klar wird.

∼

Keineswegs soll hier gesagt werden, dass das *Leben* gegen uns ist. Gott ist nicht in dem Sinne auf unserer Seite, dass er uns gegenüber anderen bevorzugt, aber das *Leben* ist immer bereit, uns das zu geben, von dem wir mit besonders viel Gefühl glauben, dass wir es bekommen werden.

Das Leben gibt uns entsprechend unserer Absichten. Uns wurde gesagt: »Es geschieht euch nach eurem Glauben.« Und das stimmt. Der *Glaube* ist eine starke und mächtige Energie. Er ist ein Magnet. Er zieht das in unser Leben, was wir fest erwarten. Doch das geschieht nicht, weil »Gott auf unserer Seite ist«. Es geschieht, weil Gott uns den zuvor bereits beschriebenen Mechanismus geschenkt hat, mit dem wir die rohe Energie von Allem Was Ist manipulieren und beeinflussen können.

Das Leben wirkt durch den Lebensprozess auf das Leben ein. Die Essenzielle Energie ist eine Energie, die auf sich selbst einwirkt.

Wer lernt, diese Energie durch Gedanken, Worte und Handlungen auf positive Weise zu nutzen, ist auf dem besten Weg, es in der Kunst des Lebens zu wahrer Meisterschaft zu bringen.

Doch sollten Sie niemals »beten« oder die Macht von Gedanke, Wort und Tat gebrauchen, um sich auf Kosten anderer Vorteile zu verschaffen. Denken Sie immer daran, dass es nur das Wir gibt, wir also alle eins sind.

Wenn Sie, um Ihre Ziele zu erreichen, andere schädigen, »gewinnen« Sie zwar mit der rechten Hand, »verlieren« aber mit der linken. Selbst wenn Sie in einer Situation scheinbar »Sieger« sind, ist es nur eine Frage der Zeit, bis Sie auch die »Verliererseite« erleben – als zwei Seiten derselben Münze.

In einer Situation, in der Ihre Wünsche im Konflikt zu den Wünschen einer anderen Person stehen, ist es empfehlenswert, sich darauf zu konzentrieren oder dafür zu beten, dass die für *alle* Beteiligten beste Lösung gefunden wird.

Das ist wahre spirituelle Meisterschaft, denn sie fordert und verlangt nichts, sondern akzeptiert jedes Resultat und jede Erfahrung als perfekt. In dieser Bewusstheit finden wir Freiheit und Frieden zugleich.

13. These

Gott liebt Selbstaufopferung, langes (vorzugsweise stumm ertragenes) Leiden und Märtyrertum

Noch ein Missverständnis über Gott.

Es gibt den weit verbreiteten Glauben, dass es Gott gefällt, wenn Menschen persönliche Opfer bringen – und je größer das Opfer, desto mehr Gefallen hat Gott daran.

Gott gefällt es, so wird uns gesagt, wenn wir »andere an die erste Stelle setzen«, selbst wenn das für uns große persönliche Verluste emotionaler, physischer oder finanzieller Art bedeutet.

Außerdem, so heißt es, belohne Gott die, die langes Leiden ertragen – vor allem wenn sie im Stillen leiden. Sich über die Situation zu beklagen mindert den Wert des ertragenen Leides. Wenn Sie also im Himmel optimalen Gewinn aus Ihrem Leiden ziehen wollen, sollten Sie es für sich behalten.

In meiner Kindheit sagten die Nonnen in der Gemeindeschule zu uns, wenn wir hingefallen waren und uns wehgetan hatten: »Biete den Schmerz Gott an.«

Märtyrertum sei, so wurde uns gesagt, die höchste Form des Leidens. Damit würden wir uns einen besonderen Platz im Himmel verdienen. Und Märtyrertum *für Gott* war das

Höchste vom Höchsten. Dafür winkte die größte Belohnung: Heiligkeit. Ich bin nicht der einzige Mensch, dem solche Dinge eingeredet wurden. Sie sind zählebig, vor allem (aber nicht nur) in der christlichen Tradition.

Jetzt kommt das große *Was wäre, wenn ...*

**Was wäre, wenn es kein Verhalten gibt,
für das uns Gott im Himmel besonders belohnt –
und wenn Gottes Botschaft an uns ist,
dass Selbstaufopferung und Leiden nicht Teil
der menschlichen Erfahrung sein müssen.**

Würde das einen Unterschied machen? Spielt es eine Rolle? Würde es sich spürbar auf unsere irdische Erfahrung auswirken?

Ja, zweifellos. Milliarden Menschen würden damit aufhören, Selbstaufopferung und langes, geduldig ertragenes Leiden als Qualifikationen für höchste himmlische Ehren zu begreifen.

Diese veränderte Sichtweise würde eine enorme Menge an menschlicher Traurigkeit und Verlust eliminieren, die durch den Irrglauben entstehen, Dinge, die uns nicht gefallen, würden Gott gefallen.

Und würde das Dogma für nichtig erklärt, dass der »Märtyrertod« für Gott der heiligste und direkteste Weg in den Himmel ist, verlören Selbstmordattentate, bei denen Dutzende Unschuldige mit in den Tod gerissen werden, ihre spirituelle Legitimation – die Terroristen-Ausbilder könnten jungen

13. These

Männern dann nicht mehr erzählen, dass sie im Paradies mit ewigen Freuden und zweiundzwanzig schwarzäugigen Jungfrauen belohnt werden, wenn sie sich an öffentlichen Orten in die Luft sprengen.

Wenn die Menschen sicher wären, dass Selbstaufopferung, langes Leiden und Märtyrertum von Gott nicht nur nicht besonders belohnt werden, sondern dass Gott sagt, sie müssten gar nicht Teil der menschlichen Erfahrung sein, würden sich die Leute endlich fragen: »Warum sind sie dann so normal?«

Die Antwort auf diese Frage ist so gewaltig, dass sie das Leben unserer Spezies für immer transformieren wird, wenn sie allgemeine Verbreitung und Anerkennung findet.

GOTTES BOTSCHAFT AN DIE WELT

Vom Anbeginn der Zeit hat Gott uns gesagt, und von Tag zu Tag zeigt es sich deutlicher, **dass die alte überlieferte Geschichte der Menschheit darüber, dass Gott Selbstaufopferung, langes Leiden und Märtyrertum besonders schätzt und belohnt, schlichtweg falsch ist.**

Es ist völlig in Ordnung, wenn wir diese alte Lehre aufgeben und damit aufhören, sie ständig aufs Neue uns und unseren Kindern zu erzählen.

Selbstaufopferung ist niemals notwendig, Leiden muss kein verbreiteter Bestandteil der menschlichen Erfahrung sein, und durch den Märtyrertod »für Gott« verdient sich niemand eine Vorzugsbehandlung im Paradies.

Die sogenannte »Selbstaufopferung« ist Ergebnis der Entscheidung eines Menschen, etwas zu tun, das Verlusterfahrungen oder Selbstverletzung nach sich zieht.

»Leiden« ist das direkte Ergebnis, wenn Menschen etwas erleben, was sie ihrer Einschätzung nach nicht erleben sollten.

»Märtyrertum für Gott« resultiert aus der Vorstellung, dass ein Mensch durch eine enorme Selbstschädigung (möglicherweise gar seinen Tod) Wohlgefallen bei Gott findet und deshalb im Himmel besonderen Lohn empfängt als Entschädigung für die sich selbst zugefügte Verletzung, und umso mehr, je schlimmer die Verletzung ist.

Alle diese Vorstellungen sind falsch.

Wenn wir uns diese Vorstellungen im Einzelnen anschauen, erkennen wir, dass es nach der heute gängigen Sichtweise zwar völlig normal erscheinen mag, wenn jemand unter großen persönlichen Opfern etwas für andere tut. Doch eine solche Geisteshaltung beruht auf irrigen Annahmen und ist zudem eigennützig.

In der Tat: Ein solches Verhalten geschieht letztlich aus Eigennutz.

In Wahrheit tut kein Mensch jemals etwas, das er nicht tun will. Doch manchmal ist es nützlich für uns, wenn wir genau das tun, was wir tun wollen, aber dann zu uns selbst (und anderen) sagen, dass wir »keine Wahl hatten« oder dass es »sich um ein großes persönliches Opfer« handelt. Auf

13. These

diese Weise können wir uns gleichzeitig zufrieden und als Opfer fühlen.

Alles, was Menschen mit Absicht tun, tun sie aufgrund ihrer eigenen Entscheidung, aus freiem Willen. Es stimmt zwar, dass manche Leute glauben, bestimmte Dinge tun zu *müssen* oder in manchen Situationen einfach keine andere Wahl zu haben – und im sehr begrenzten Rahmen der heutigen Weltsicht mag das verständlich sein. Aber in Wirklichkeit bedeutet »keine Wahl zu haben«, dass ich mit einem Zustand konfrontiert bin, den ich mir nicht bewusst herbeigewünscht habe, oder mit einem Resultat, das ich – aus gutem Grund – lieber vermieden hätte.

Wenn Sie aber bewusst einer Situation ausweichen, die Sie als nicht wünschenswert betrachten, handeln Sie aus Eigennutz. Das bedeutet nicht, dass Ihre Beweggründe nicht *gut* wären. Es bedeutet lediglich, dass die Tatsache, dass es sich um gute Gründe handelt, sie nicht weniger eigennützig macht. *Das genaue Gegenteil ist der Fall.*

(Je besser Ihre Gründe dafür sind, etwas zu tun oder nicht zu tun, desto größer ist doch – offensichtlich – der Nutzen, der Ihnen daraus entsteht.)

Doch man hat uns beigebracht, dass jede Form von Eigennutz »schlecht« sei. Deshalb erklären wir lieber, wir hätten »keine andere Wahl« gehabt, statt zu sagen, dass wir sehr wohl die Wahl hatten und uns für die Option entschieden, die sich für uns am besten anfühlte – uns also *nützte*.

Selbst die Entscheidung, etwas für eine andere Person zu tun und dabei große persönliche Unannehmlichkeiten oder Verluste in Kauf zu nehmen, fällt in diese Kategorie, denn sonst, da können Sie sicher sein, würde der Betreffende es nicht tun! Es gibt einen *Grund* dafür, dass jemand sich entscheidet, unter großen persönlichen Opfern etwas Außergewöhnliches für andere zu tun.

Vielleicht besteht der Grund darin, dass er sich dadurch gut fühlt. Vielleicht erlebt er sich dadurch als die Person, als die er sich sieht oder die er gerne sein möchte. Vielleicht liegt der Grund aber auch darin, dass er das Gefühl hat, im Einklang mit einem Lebensprinzip zu handeln, dem er sich verschrieben hat, oder aus einer Verpflichtung heraus, die er empfindet, oder aufgrund eines gegebenen Versprechens.

Alle diese Gründe und viele weitere dienen letztlich den Interessen des eigenen Selbst. *Und das ist auch völlig in Ordnung so.* Nachteilig ist nur, wenn wir aus Eigennutz handeln, uns selbst (und anderen) aber einreden, dem wäre nicht so.

∼

Wir sehen also, dass wahre Selbstaufopferung gar nicht möglich ist, sondern nur *vorgetäuschte* Selbstaufopferung, und zwar im begrenzten Rahmen der gängigen menschlichen Weltsicht. Doch unsere größere Bewusstheit – die Bewusstheit der Seele – kennt die wirklichen Gründe unseres Handelns. Und diese Gründe dienen *immer* unserer persönlichen Agenda, sind also immer eigennützig. Und so soll es auch sein. So ist es *beabsichtigt*. Denn der Sinn des Lebens besteht darin, dass wir in jedem Augenblick die Möglichkeit haben, die großartigste Version unserer größten Vision von uns selbst zu manifestieren.

13. These

Wenn wir uns dessen bewusst werden, können wir Wut oder Groll gegenüber jenen auflösen, für die wir je etwas getan haben, tun oder glauben, »tun zu müssen«.

Wir können uns dann nicht länger als Opfer fühlen, auch nicht als Opfer unserer eigenen Entscheidungen, sondern sind eingeladen, unseren Platz als die mächtigen, fühlenden Wesen zu beanspruchen, die wir sind. Als solche sind wir in der Lage, jederzeit alle unsere Optionen und deren Folgen klar zu erkennen und diejenigen zu wählen, die am besten für uns sind.

Wir sollten uns klarmachen – und diese Erkenntnis würde uns alles in einem völlig neuen Licht sehen lassen –, dass alles, was wir *für uns selbst* tun, weil es gut für uns ist, immer auch dem Ganzen dient. Um das zu begreifen, bedarf es etwa tieferen Nachdenkens, aber irgendwann »kapieren« es alle Angehörigen sämtlicher Spezies im Universum. In der Evolution einer jeden Spezies kommt der Punkt, an dem kristallklar wird:

Alles, was wir für uns selbst tun, weil es gut für uns ist, dient immer auch dem Ganzen.

Dafür, dass das so ist, gibt es mehrere Gründe, wie im weiteren Verlauf dieses Buches noch deutlich werden wird.

Die Linse der menschlichen Erkenntnis ist in ihren besten Momenten getrübt und in den schlimmsten Zeiten völlig blind, was an der außergewöhnlichen Jugend unserer Spezies liegt (siehe Kapitel zur 5. These). Unsere Unreife zeigt sich, wenn wir, konfrontiert mit ernsten körperlichen oder auch emotionalen Schmerzen, das Gefühl haben, das dürfe einfach nicht passieren und sei irgendwie eine Verletzung unseres »Daseins-Vertrags«.

Wenn wir diese Sicht umkehren, könnte das »Leiden« vollständig aus der menschlichen Erfahrung verschwinden. Eine solche Änderung unserer Geisteshaltung löscht zwar nicht alle Schmerzen aus, transformiert sie aber zu etwas, auf das man sich mit einem höheren Grad von friedvoller Akzeptanz einlassen kann. Man baut dann keinen – oder viel weniger – inneren Widerstand mehr auf.

Dieser innere Widerstand erzeugt die spröde Starrheit, die Leid erzeugt – und es verlängert. Denn es ist so, wie es uns in *Gespräche mit Gott* gesagt wird: Das, wogegen Sie sich sträuben, hält sich hartnäckig, und das, was Sie offen und ehrlich anschauen, verschwindet. Das heißt, es behält seine illusionäre Form nicht länger bei.

Ein klassisches Beispiel dafür ist eine Mutter während der Entbindung. Sie hat Schmerzen, aber wenn sie jeden inneren Widerstand dagegen aufgibt, kann sie das »Leiden« verringern – und oft sogar völlig eliminieren. Sie kann auf diese Weise sogar den physischen Schmerz reduzieren.

Manche Menschen verstehen das sehr gut und betrachten den Schmerz als natürlichen Bestandteil jedes Geburtsvorgangs. Das betrifft nicht nur die Geburt eines Kindes, sondern auch das Auftauchen eines neuen, größeren Aspekts des Selbst.

13. These

Bei Kindern bezeichnen wir solche Erfahrungen oft als »Wachstumsschmerzen«. Bei Erwachsenen ist es genauso.

Schön und gut, mag manch einer einwenden, doch müssen diese »Wachstumsschmerzen« denn das ganze Leben andauern? Gibt es *nie* Linderung? Ist die Lebensreise des Menschen ein endloser Weg von einem Berg voller körperlicher oder emotionaler Schmerzen zum nächsten, unterbrochen nur von winzigen Tälern des Glücks?

Nein. So muss es nicht sein. Winzige Täler des Glücks können sich in weite Ebenen der Freude verwandeln. Die Waage des Lebens muss sich nicht übermäßig zu emotionalem oder körperlichem Unwohlsein neigen – und selbst wenn bestimmte körperliche Schmerzen chronisch sein sollten, ist Lebensfreude durchaus erlaubt und erfahrbar.

Viele Menschen mit chronischen Schmerzen machen dennoch die Erfahrung, dass ihr Leben reich an Freude und Glück ist. Auch Personen mit anhaltenden emotionalen Schmerzen entdecken häufig, dass sich dieser Zustand wirkungsvoll lindern lässt und Vergnügen und Freude ihnen nicht versagt bleiben.

~

Es ist erstaunlich, in welchem Maß Schmerz dadurch gelindert werden kann, dass die Betroffenen nicht gegen ihn ankämpfen, sondern ihn offen und liebevoll zulassen. Die subjektive innere Entscheidung eines Menschen beeinflusst seine objektive äußere Erfahrung. Wohl kein Psychologe auf der Welt würde dem widersprechen.

Die Metaphysik geht noch einen Schritt weiter. Sie sagt, dass unsere innere Einstellung gegenüber einem Ereignis tatsächlich *dieses Ereignis verändern kann*. Mit anderen Worten, wenn wir gegenüber einem negativen Ereignis eine positive Haltung einnehmen, kann dies das Ereignis transformieren – und zwar *bereits während es stattfindet*.

Wie ist das möglich?

Es ist möglich, weil alles im Leben Energie ist. *Und Energie beeinflusst Energie.* Die Phänomene wirken sich aufeinander aus. Die Wissenschaft kann das in der Quantenphysik beobachten, wo sich, wie bereits erwähnt, nachweisen lässt, dass *alles, was man beobachtet, durch den Beobachter beeinflusst wird*.

Das ist exakte Wissenschaft, kein Hokuspokus.

Stellen wir diese Aussage also noch einmal deutlich heraus, damit sie Ihnen in ihrer ganzen Tragweite bewusst wird:

> *Die subjektive innere Entscheidung eines Menschen beeinflusst seine objektive äußere Erfahrung.*

In diesem Kontext trifft die Aussage zu, dass lang andauerndes Leiden nicht Bestandteil der menschlichen Lebenserfahrung sein muss. Gott belohnt Leiden nicht und versichert uns sogar, dass es nicht notwendig ist.

Ebenso sollte nun klar sein, dass die Beeinträchtigung des eigenen Glücks in unumkehrbarer Weise, bis hin zur Selbsttötung, als ein Akt des »Märtyrertums für Gott« von Gott in keiner Weise besonders geschätzt oder belohnt wird. Und wenn dabei zusätzlich weitere Menschen in den Tod gerissen

13. These

werden, wird auch dieses »Märtyrertum« niemals mit besonderen Ehren oder einer Vorzugsbehandlung im Paradies belohnt werden.

Menschen, die glauben, dass nach einem Selbstmordattentat, bei dem weitere Personen getötet werden, im Jenseits eine exklusive »Belohnung« auf sie wartet, werden feststellen müssen, dass dem nicht so ist.

Anders als auf der Erde werden im Himmel alle gleich behandelt. Niemand steht dort höher oder niedriger als die anderen, völlig unabhängig davon, was sie während ihres physischen Lebens getan haben. Die Wunder des Lebens im Jenseits sind keine Belohnungen, die man sich verdienen muss.

Einfach ausgedrückt: Der Himmel ist keine Meritokratie. Die Freuden der spirituellen Welt sind – wie die Freuden der materiellen Welt – Geschenke des Lebens, die Gott uns freudig ohne jede Einschränkung gibt.

~

Die Doktrin von einem Gott, der im Himmel Belohnungen verteilt abhängig von den »Leistungen« des Einzelnen auf der Erde, reduziert den ganzen großartigen Prozess des Lebens auf die monotone Mechanik einer stumpfsinnigen Meritokratie.

Auch das Konzept der Reinkarnation wird durch dieses Dogma völlig verzerrt. Wenn der Status einer Person im Himmel eine »Belohnung« für ihr Verhalten auf der Erde ist, müsste dieser Status mit jeder neuen Inkarnation revidiert

werden – woraus sich die geradezu alberne Frage ergibt: Steigt oder fällt unser »Ranking« im Himmel mit den »Erfolgen« oder »Misserfolgen« unserer letzten Inkarnation?
Nein.

Der Himmel ist keine Meritokratie.

Es ist an der Zeit, uns von der Vorstellung zu verabschieden, dass Gott Selbstaufopferung mehr schätzt und belohnt als Selbstentfaltung, langes Leiden mehr als lebenslange Freude und Märtyrertum mehr als vergnügte Kreativität.

Wir leben jetzt wirklich lange genug mit unserem kindischen Bild eines Gottes, der angeblich sogar Musik und Tanz »schlecht« findet, Sex ohne Fortpflanzungsabsicht als wollüstig und viehisch brandmarkt, das Feiern des Selbst geringer achtet als ständige Selbstverleugnung und uns nur dann Zugang zu den ewigen Freuden des Paradieses gewährt, wenn wir uns einige der größten Freuden unseres kurzen Erdendaseins versagen.

Wir leben jetzt wirklich lange genug mit unserem kindischen Bild eines Gottes, der für unser Verhalten »Regeln« aufstellt, die uns diktieren, was wir essen dürfen, wie wir uns zu kleiden haben, was wir sagen dürfen und woran wir glauben müssen. Diese langweiligen und infantilen theologischen Erfindungen haben nichts mit der Höchsten Wirklichkeit zu tun.

Oder, wie es ein Beobachter mit trockenem Humor formulierte: »Jona und der Wal haben ausgedient.«

14. These

Manchmal erhört Gott unsere Gebete und manchmal nicht

Noch ein Missverständnis über Gott.

Ein großer Teil der Menschheit glaubt an einen Gott, der alle unsere Gebete hört, uns manchmal gibt, worum wir ihn bitten, und manchmal nicht.

Dieses Gottesbild geht davon aus, dass Gott in jedem einzelnen Fall *Gründe* hat, um unsere Wünsche zu erfüllen oder abzulehnen.

Manchmal (so wird gesagt) ist das, was wir für uns selbst wollen, nicht das, von dem Gott weiß, dass es »gut für uns« ist, und deshalb bekommen wir es nicht.

Manchmal (so heißt es) schenkt Gott uns alles, worum wir gebeten haben, und noch mehr – vermutlich weil es gut für uns ist und wir es verdienen.

Jetzt kommt das große *Was wäre, wenn ...*

Was wäre, wenn Gott überhaupt keine Gebete erhört oder zurückweist?

Was wäre, wenn sich ein erhofftes Ereignis oder ein gewünschter Zustand aus einem ganz anderen Grund in unserem Leben manifestiert?

Würde das einen Unterschied machen? Spielt es eine Rolle? Würde es sich spürbar auf unsere irdische Erfahrung auswirken?

Ja, würde es. Damit böte sich die Chance für den größten Durchbruch in der Menschheitsgeschichte. Endlich könnten wir als globale Spezies den Prozess der Schöpfung und die Alchemie des Universums (eine magisch erscheinende Methode der Transformation oder Schöpfung) entdecken.

Würden wir glauben, dass es einen anderen Grund dafür gibt, warum bestimmte Resultate sich in unserem Leben manifestieren und andere nicht, wäre das das Ende unserer endlosen und allzu oft äußerst rücksichtslosen Versuche, Gott zu gefallen, damit er unsere Gebete erhört. Und zugleich würde eine weltweite Suche nach dem *wahren* Grund einsetzen.

Warum manifestieren sich erhoffte, herbeigewünschte Ereignisse und Zustände in unserem Leben, wenn es nicht von Gottes »Laune« abhängt, welche Wünsche erfüllt werden? Was bewirkt, dass Träume sich verwirklichen? Und was ist die Ursache, wenn sie sich nicht verwirklichen?

Zweifellos würden viele Menschen aufhören zu beten, wenn sie erkennen, dass Gott nicht die Gebete für alle Menschen erfüllt oder ablehnt, sondern auf einfache und liebevolle Weise einen *Prozess* der Manifestation geschaffen hat, der nicht darauf beruht, dass wir uns »Gottes Wohlgefallen« verdienen.

Welchen Sinn hat das Beten noch, würden sie vermutlich denken, wenn eine Bitte an Gott völlig wirkungslos ist? Das wäre ein weiterer Grund für die Menschheit, die Theologie des Bittens und Flehens durch eine Anwendungstheologie zu ersetzen – das heißt, wir würden die Macht Gottes in unserem

Leben *anwenden*, statt darum zu bitten, dass sie in unserem Leben angewendet *wird*.

Würde der größte Teil unserer Spezies sich die Auffassung zu eigen machen, dass Gott nicht persönlich Gebete erhört oder zurückweist, sondern uns vielmehr mit allen Mechanismen ausgestattet hat, mit denen wir unsere Wünsche selbst manifestieren können, hätte das dramatische Folgen für die Religionen. Manche von ihnen würden möglicherweise verschwinden. Und bei denen, die bleiben, würde deren Mission sich stark verändern. Sie würden sich immer noch als Wege zu Frieden, Freude und ins Paradies präsentieren, aber sie würden ihre Anhänger mit Erkenntnissen darüber versorgen, wie sich solche Erfahrungen von ihnen selbst herbeiführen lassen, statt Gott darum zu bitten.

Doch wenn die Bittgebete verschwinden, müssen sie als Hilfsmittel, um erhoffte Resultate zu erzeugen, im Alltag der Menschen für die Bewältigung unserer täglichen Herausforderungen durch etwas anderes ersetzt werden. Und wir *würden* dieses andere finden. Die Wahrheit.

Gottes botschaft an die welt

Vom Anbeginn der Zeit hat Gott uns gesagt, und von Tag zu Tag zeigt es sich deutlicher, **dass die alte überlieferte Geschichte der Menschheit darüber, Gott persönlich erhöre die Gebete einzelner Menschen oder weise sie ab, schlichtweg falsch ist.**

Es ist völlig in Ordnung, wenn wir diese alte Lehre aufgeben und damit aufhören, sie ständig aufs Neue uns und unseren Kindern zu erzählen.

Gottes Rolle in unserem Leben muss deshalb nicht kleiner werden. Tatsächlich wäre es sogar gut, wenn er für uns eine *größere* Rolle spielen würde. Doch wenn Gott nicht persönlich Ja oder Nein zu unseren Gebeten sagt, wozu sollen wir ihm dann mehr Platz in unserem Leben einräumen?

Weil Gottes *Macht*, nicht sein *Gemüt*, die Manifestationen hervorbringt, die sich der Mensch wünscht.

Dieser Satz ist so wichtig, dass es lohnt, ihn zu wiederholen:

Gottes Macht, nicht sein Gemüt,
bringt die Manifestationen hervor,
die sich der Mensch wünscht.

Das bedeutet, dass das Resultat unseres Gebets nicht davon abhängt, wie hoch wir in Gottes Gunst stehen oder ob Gott findet, dass die Erfüllung eines Wunsches »gut« für uns wäre. Nicht Gottes Laune, sondern Gottes Liebe erzeugt die erstaunlichen Umstände, dass *alle unsere Gebete jederzeit erhört und erfüllt werden.*

Das Problem ist nicht, dass Gott manchmal Ja und manchmal Nein zu unseren Gebeten sagt, sondern dass wir nicht wissen, was Gebete eigentlich sind.

Hätte uns, als wir kleine Kinder waren, jemand gezeigt, was Beten eigentlich *ist*, würden wir feststellen, dass alle unsere Gebete immer erhört werden.

14. These

Das Gebet ist eine *Anwendung* der Macht Gottes ... doch die meisten von uns glauben, es wäre eine an Gott gerichtete *Bitte*.

Ein Gebet ist letztlich einfach die Energie Gottes, die *konzentriert* auf ein Ziel gerichtet wird. Falls Sie nicht an Gott glauben, ist es psychologisch natürlich schwieriger, die Energie Gottes zu fokussieren. Deswegen sagte ich bereits, dass es eine gute Idee ist, Gott in Ihrem Leben mehr Raum zu geben – auch wenn Sie im klassischen Sinne, also dem Bittgebet, seltener beten.

Gottes Energie steht uns nicht nur unter bestimmten Bedingungen zur Verfügung (wenn Gott mit unserem Gebet »einverstanden« ist oder uns seine »göttliche Gnade« zuteilwerden lässt). Vielmehr lebt die Energie Gottes *in* uns als das, was wir *sind*. Und in jeder Minute des Tages manifestiert sie sich *durch* uns, ob wir uns dessen bewusst sind oder nicht – und ob wir es wollen oder nicht.

Wir haben da gar keine andere Wahl, weil die Energie Gottes – also die schöpferische Macht im Universum – nicht abschaltbar ist. Sie ist *immer* aktiv. Sie ist unser wahres Sein.

Wir alle sind Manifestationen der göttlichen Energie. Und wie sich unser Leben entfaltet, hängt davon ab, auf welche Weise wir Gottes Energie nutzen.

Das alles wird erklärlich, wenn wir uns noch einmal die folgende Aussage anschauen: Das Leben ist nichts anderes als Energie, die auf unterschiedlichen Frequenzen schwingt.

Und die auf unterschiedlichen Frequenzen schwingende Energie bringt physikalische Manifestationen in Form von Objekten, Situationen, Umständen und Ereignissen hervor. Das geschieht, weil Energie andere Energie anzieht. Energie wirkt sich auf Energie aus. Zwei Energien erzeugen eine dritte Energie. Und so geht es immer weiter, in allen Bereichen des Lebens.

Denken Sie immer daran ...

*Wir alle sind Manifestationen der göttlichen Energie.
Und wie sich unser Leben entfaltet,
hängt davon ab, auf welche Weise wir
Gottes Energie nutzen.*

~

Lassen Sie mich hier wiederholen, was ich im Buch *Glücklicher als Gott* geschrieben habe. Der anziehende Aspekt der Energie reagiert nicht nur auf unsere Wünsche, sondern auch auf unsere Ängste. Wir ziehen nicht nur das, was wir uns wünschen, in unser Leben, sondern auch das, was wir ängstlich von uns fernhalten wollen – nicht nur das, was wir bewusst auswählen, sondern auch das, was wir unbewusst auswählen.

»Auswählen« aus dem, was mein Freund Deepak Chopra »das Feld der unendlichen Möglichkeiten« nennt, ist eine sensible Angelegenheit. Es geht darum, worauf wir uns konzentrieren, *ob wir wollen oder nicht und ob wir es bewusst tun oder nicht.*

14. These

Nehmen wir an, Sie konzentrieren sich bewusst darauf, Ihr Einkommen innerhalb eines Jahres zu verdoppeln, doch eine Stunde oder einen Tag später denken Sie, dass dies nahezu unmöglich ist. Wenn Sie dann zu sich sagen: »Oh, nun bleib mal realistisch! Setze dir ein Ziel, das du auch wirklich erreichen kannst«, dann haben Sie sich für diese neuere Idee entschieden, ob Sie das ursprünglich wollten oder nicht, denn Ihre Gottesenergie ist *immer* eingeschaltet. Der persönliche Schöpfungsprozess ist unaufhörlich im Gange.

Er funktioniert nicht nur mit Ihrem jeweils neuesten Gedanken, sondern auch mit denen, auf die Sie sich am häufigsten fokussieren und einstimmen und die Sie mit besonders viel Energie aufladen.

Das erklärt, wieso manche Menschen bei der Anwendung des sogenannten Gesetzes der Anziehung oder traditioneller Gebetsformen scheitern. Dann sagen sie: »Seht ihr? So etwas funktioniert ja doch nicht!«

Doch in Wirklichkeit funktioniert der kreative Prozess perfekt. Wenn Sie etwas unbedingt und verzweifelt wollen und sich immer wieder sagen: *Ich will das!*, verkünden Sie damit dem Universum, dass Sie es nicht haben.

Solange Sie an dem Gedanken festhalten, das Gewünschte *nicht* zu haben, können Sie es nicht bekommen, weil Sie nicht etwas erleben können, bei dem Sie gleichzeitig bekräftigen, dass Sie es *nicht* erleben.

Ein Beispiel: Mit der Aussage »Ich will mehr Geld« werden Sie nicht nur kein Geld in Ihr Leben ziehen, sondern es unter Umständen sogar von sich wegstoßen. Der Grund dafür ist, dass das Universum immer nur eine Antwort kennt: »Ja!«

Es reagiert auf Ihre *Energie*. Es hört in erster Linie auf das, was Sie *fühlen*.

Wenn Sie ständig sagen: »Ich will mehr Geld«, sagt Gott: »Ja, so ist es!« Wenn Sie denken: »Ich wünsche mir mehr Liebe in meinem Leben«, sagt Gott: »Ja, so ist es!«

Das Universum »fühlt«, welche Energie bei Ihnen bezüglich Geld oder Liebe vorherrscht oder bei jedem anderen Lebensthema, und wenn diese Energie ein Gefühl des Mangels ist, *wird das Universum genau darauf antworten*. Es wird Ihnen *mehr davon* verschaffen. Das Universum ist ein gigantisches Kopiergerät. Es dupliziert, was Sie ihm vorlegen.

Wir reden hier über *Macht*. Wir reden über die Macht des Gebets. Aber ein Gebet ist viel mehr als nur eine Bitte an Gott. Alle unsere Gedanken, Worte und Taten sind Gebete. Tatsächlich ist der schwächste Weg, etwas zu bekommen, der, im Gebet darum zu bitten. Denn wenn Sie um etwas bitten, bekräftigen Sie damit, *dass Sie es jetzt im Moment nicht haben*.

Anders ausgedrückt, Ihre individuelle Energie wirkt wie ein Magnet. Denken Sie daran, dass sogar Gefühle (ja, *vor allem* Gefühle) Energie sind, und bei Energien gilt: Gleiches zieht Gleiches an.

Die Idee ist also, dass Sie selbst die Macht Gottes praktisch *anwenden*, statt Gott darum zu bitten, er möge diese Macht in Ihrem Sinne gebrauchen. Gott lädt Sie dazu ein, die bejahende, verstärkende Macht des Gebets zu nutzen. Wie? Wie macht man das?

Nun, hier ist ein Beispiel: »*Danke, Gott, dass du mir die perfekte Partnerin schickst.*« Ein weiteres Beispiel: »*Alles*

Geld, das ich benötige, kommt jetzt zu mir.« Und hier folgt mein Lieblingsgebet: *»Danke, Gott, dass du mir zu verstehen hilfst, dass dieses Problem bereits gelöst ist.«*

Dieser Wechsel vom Bitten zur Anwendung kann wunderbare Folgen haben. Das sind keine Affirmationen. Es sind *Bestätigungen*. Das ist ein Riesenunterschied. Mit einer Affirmation versuchen wir, ein Resultat oder eine Erfahrung herbeizuführen. Mit einer Bestätigung bekräftigen wir, dass das gewünschte Resultat bereits herbeigeführt wurde.

~

Am Tag, als ich dieses Kapitel fertigstellte, erreichte mich als Antwort auf einen Artikel, den ich zu diesem Thema geschrieben hatte, die folgende E-Mail: »Lieber Neale, es fällt mir schwer, daran zu glauben, dass Gott/meine Seele das ›Wünschen‹ so wörtlich nimmt. Weiß denn Gott/meine Seele nicht, was ich wirklich meine/beabsichtige? Gottes Segen. Gerry.«

Ich mailte zurück:

Lieber Gerry ... Es geht nicht darum, ob Gott oder Ihre Seele Ihre »Wünsche« wörtlich nimmt. Die Frage ist, wie der Mechanismus der Schöpfung funktioniert.

Wir sprechen hier über einen *Mechanismus*, nicht über ein Wesen im Himmel, das Sie beim Wort nimmt oder auch nicht. Wir haben es mit einer *Maschine* zu tun, die mit dem Treibstoff läuft, den Sie in den Tank füllen. Sie ist ein Kopiergerät, das ausnahmslos alles kopiert, ohne diesbezüglich

Abneigungen oder Vorlieben zu hegen. Es versucht auch nicht, die Kopien zu *interpretieren*, die sein Besitzer herstellen lässt. Es dupliziert einfach die Energie, die man ihm eingibt. In diesem Sinne funktioniert es wie ein Computer. Wenn Sie Datenmüll eingeben, kommt auch Datenmüll wieder heraus.

Zu den großen Missverständnissen, denen Menschen bezüglich Gott unterliegen, zählt, dass Gott bestimmte Vorlieben hätte, wie wir unser Leben gestalten. Gott liebt uns, das steht fest, aber Gott kennt keine Vorlieben – so wenig, wie es für Sie von Belang ist, ob Ihre Kinder im Garten Verstecken oder Fangen spielen. Ihre Kinder sollen nur wissen, dass Sie immer für sie da sind, wenn sie Sie brauchen. Und so ist es auch mit Gott.

Sieben Milliarden Menschen leben auf diesem Planeten – und er ist nur einer von siebzig Trillionen Planeten im Kosmos. Um diese atemberaubende Entfaltung des Lebens zu ermöglichen, hat Gott einen spektakulären Mechanismus erschaffen, dessen Funktionieren nicht das Geringste mit irgendwelchen persönlichen Vorlieben Gottes zu tun hat. Er hat mit dem Genie Gottes zu tun.

Das Geniale an diesem System ist, dass es sich um reine Energie handelt, die auf Energie reagiert, indem sie in physischer Form reproduziert, was von allen bewussten, denkenden und fühlenden Wesen an Gedanken, Worten und Taten in sie hineingegeben wird – die wiederum auf dem beruhen, was wir Menschen als »Gefühle« bezeichnen ... die ihrerseits einfach Formen von Energie sind.

Verstehen Sie, worum es geht?

14. These

Es ist nicht so, dass Gott manche Gebete erhört und andere nicht. Gott erhört und beantwortet *alle* Gebete, indem er dem Kollektiv der physischen Wesen jene Energie sendet, die dupliziert, was das Kollektiv denkt/sagt/tut/fühlt. Gott tut das auch auf individueller Ebene mit jeder Energiequelle. (Das heißt, mit jedem Menschen und jedem anderen gefühlsbegabten Geschöpf im Universum.)

Ist das nicht bemerkenswert? Ja, das ist es in der Tat. Ist es das Resultat von Gottes persönlichen Vorlieben in Bezug auf das, was sich tagtäglich im Kosmos manifestiert? Nein.

∽

Beim schöpferischen Gebrauch der Energie Gottes ist das Wort »Ich« der Schlüssel. Das, was auf das Wort »Ich« folgt, dreht den Schlüssel und startet den Motor der Manifestation.

Wenn es also »so aussieht, als ob« Ihre persönliche Schöpfung nicht funktioniert, liegt das nur daran, dass die göttliche Energie Ihnen gebracht hat, was Sie *unbeabsichtigt* ausgewählt haben, und nicht das, von dem Sie dachten, Sie hätten es bewusst ausgewählt.

Wäre die Energie nicht ständig eingeschaltet, könnten Sie einen einzigen sehr positiven Gedanken denken, der sich dann in Ihrem Leben unfehlbar manifestiert. Der Mechanismus ist aber ständig aktiv, und es wird immer das eingespeist, was Sie am intensivsten und häufigsten fühlen. Daher ist es unwahrscheinlich, dass ein einzelner sehr positiver Gedanke in einem Wirbelwind von nicht so positiven Gedanken und Projektionen das gewünschte Resultat hervorbringt.

Der Trick besteht darin, in einem Ozean der Negativität positiv zu bleiben. Der Trick besteht darin, sich stets bewusst zu sein, dass der Mechanismus immer funktioniert, und zwar auch dann, wenn es *so aussieht*, als würde er nicht funktionieren. Der Trick besteht darin, nicht nach dem »äußeren Anschein« zu urteilen. Der Trick besteht darin, bei jedem Ergebnis, jeder Erfahrung, jeder Situation in der Dankbarkeit zu bleiben.

Dankbarkeit eliminiert Negativität, Enttäuschung, Verbitterung und Wut. Und wenn diese Emotionen verschwinden, wird Raum geschaffen für die Liebe zu Gott, zum Leben und zu uns selbst – mehr denn je kann sie dann Einzug in unser Leben halten.

Wie wunderbar ist unser Gott! Wie wunderbar ist dieses göttliche Wesen, das einen narrensicheren, großartigen, wunderbaren Mechanismus erschuf, durch den jede und jeder Einzelne von uns verkünden, ausdrücken und erfüllen, erleben und werden kann, Was Wir Wirklich Sind.

15. These

Am Jüngsten Tag wird Gott uns belohnen oder bestrafen

Noch ein Missverständnis über Gott.

Wieder einmal sehen wir, wie die vielen Missverständnisse über Gott miteinander zusammenhängen und weitere Missverständnisse nach sich ziehen. Deswegen gibt es in diesem Text so viele Wiederholungen. Doch eigentlich handelt es sich gar nicht um Wiederholungen, sondern um Erweiterungen. Es ist die Fortführung einer logischen Linie.

Die Idee, Gott würde uns am Jüngsten Tag belohnen oder bestrafen, ist die logische Fortführung jener Ideenkette, die mit der Vorstellung beginnt, wir müssten uns vor Gott fürchten, gefolgt von der Doktrin eines Gottes, der sich mit dem Teufel bekriegt, und der Idee, dass wir nur in den Himmel kommen, wenn Gott uns vergibt.

Viele Religionen lehren – basierend auf den zuvor beschriebenen Missverständnissen – über das Jüngste Gericht Folgendes: Dies sei eine Zeit, in der Gott uns entweder belohnt oder bestraft, je nachdem, wie »gut« oder wie »schlecht« wir uns in unserem Leben betragen haben.

Das ist für viele Menschen eine große Herausforderung. Dies wird aber zusätzlich erschwert, wenn man daran glaubt, man hätte, um »es richtig zu machen«, nur ein einziges Leben, in dem einem hundert verschiedene Leute hundert verschiedene Ratschläge geben, was richtig ist und was nicht.

Jetzt kommt das große *Was wäre, wenn* ...

Was wäre, wenn Gott niemals über uns urteilt und wenn es weder eine ewige Belohnung im Himmel noch eine ewige Bestrafung in der Hölle gibt?

Würde das einen Unterschied machen? Spielt es eine Rolle? Würde es sich spürbar auf unsere irdische Erfahrung auswirken?

Ja. Zweifellos würde es das. Unter anderem würde die Motivation für unzählige Entscheidungen wegfallen, große und kleine Entscheidungen, die von unzähligen Menschen in unzähligen Augenblicken während unzähliger Leben getroffen werden.

Der größte Teil der Weltbevölkerung trifft seine Entscheidungen aus dem Wunsch, »das Richtige« zu tun, damit Gott »zufrieden« ist und man geradewegs in den Himmel kommt, wenn dieses irdische Dasein vorbei ist.

Selbst wenn Menschen Dinge tun, die von den meisten anderen Menschen für »falsch« gehalten werden, reden sie sich ein, dass ihr Handeln »richtig« ist, weil es »Gottes Wille« ist und ihnen deshalb einen Platz im Paradies einbringen wird.

Einen langen und qualvollen Tod zu erleiden ist ein Beispiel dafür. Anderen Menschen einen langen und qualvollen Tod zu bereiten ist ein anderes. Sich selbst auch die einfachsten Freuden vorzuenthalten ist ein drittes Beispiel hierfür. An-

15. These

deren diese Freuden zu untersagen ist ein viertes. Und diese Liste geht weiter.

Und immer weiter.

Würden die Menschen von nun an denken, dass Gott niemals über sie urteilt, hätten sie keine spirituelle Rechtfertigung und moralische Autorität mehr, um selbst über andere zu urteilen.

Und letztlich – wir erwähnten es bereits – müsste die Menschheit andere Maßstäbe dafür finden, was sie als akzeptables oder inakzeptables Verhalten betrachtet.

Kurz gesagt, ein nicht urteilender Gott würde das gesamte Wertesystem der Menschheit über den Haufen werfen. Sie müsste einen *vollkommen anderen Grund* dafür finden, manche Verhaltensweisen zu belohnen und andere zu bestrafen. Wirklich fortschrittliche Zivilisationen würden Strafen vollkommen abschaffen. In Gesellschaften, die nicht länger versuchen, mithilfe von Strafen bestimmte Verhaltensweisen zu fördern und von anderen abzuschrecken, würden die Strafen durch Konsequenzen ersetzt.

Gottes botschaft an die welt

Vom Anbeginn der Zeit hat Gott uns gesagt, und von Tag zu Tag zeigt es sich deutlicher, **dass die alte überlieferte Geschichte der Menschheit über einen Gott, der uns mit ewigem Leben im Himmel belohnt oder mit ewiger Verdammnis in der Hölle bestraft, schlichtweg falsch ist.**

Es ist völlig in Ordnung, wenn wir diese alte Lehre aufgeben und damit aufhören, sie ständig aufs Neue uns und unseren Kindern zu erzählen.

Wir leben in einem Universum, in dem das Gesetz von Ursache und Wirkung gilt, nicht in einem Belohnung-und-Strafe-Universum.

Gott führt keine Liste über alle Missetaten aller Leute überall auf allen Planeten durch alle Zeitalter und wirft jene, die nicht die für den Himmel erforderliche Punktzahl erreichen, in die Hölle.

So funktionieren die Dinge nicht.

Wie schon mehrfach betont, gibt es keine »Hölle«, in die Gott uns werfen könnte – und selbst wenn es sie gäbe, hätte er keinen Grund, das zu tun.

Gott – die Quelle Höchster und Unendlicher Intelligenz – beobachtet einfach voller Freude den Evolutionsprozess, der sich in den Trillionen Sternensystemen im Kosmos vollzieht. Allen intelligenten Lebewesen überall stellt er die gleichen Mechanismen, Hilfsmittel, Instrumente und schöpferischen Kräfte zur Verfügung. Und er schenkt ihnen allen den freien Willen, damit sie selbst entscheiden können, wie sie ihre göttlichen Fähigkeiten sowohl individuell wie auch kollektiv nutzen, um ihre Erfahrung zu manifestieren.

Zweifellos gibt es im Universum ein System und einen Prozess, der mit äußerster Präzision und Perfektion das Funktionieren allen physischen Lebens ermöglicht, unterhält und steuert. Man könnte es, vereinfacht ausgedrückt, das Gesetz nennen oder sogar Gottes Gesetz, im gleichen

Sinn, wie wir vom »Gesetz der Schwerkraft« sprechen. Das Gesetz beschreibt einfach, *wie die Dinge funktionieren*. Es handelt sich um den Prozess, durch den reine Energie ...
... welches Wort passt hier? ...
... *manipuliert* wird ... um in der physischen, materiellen Welt Manifestationen hervorzubringen, wie am Ende des vorigen Kapitels erörtert. Dieses Gesetz ermöglicht es der Seele, besondere und spezifische Ausdrucksformen zu schaffen, wodurch das Gesamtwesen (also Körper, Geist und Seele) besondere und spezifische Erfahrungen macht – Erfahrungen, bei denen es darum geht, die eigene wahre Identität, nämlich die eigene Göttlichkeit, zu erleben.

So, wie man das Gesetz nutzen kann, um die höchsten Selbsterfahrungen hervorzubringen, lässt es sich auch anwenden, um das zu erzeugen, was manche Wesen als besonders niedere und negative Erfahrungen bewerten.

Wie wir bereits sagten, ist die Energie immer eingeschaltet, und daher wird sie manchmal so genutzt, dass unbeabsichtigte Resultate entstehen. Um den Menschen zu helfen, das zu verstehen, wollen wir das Beispiel der Atomenergie verwenden. Es ist zur Veranschaulichung schon häufig herangezogen worden.

Atomenergie ist weder »gut« noch »schlecht«, und es wohnt ihr auch keine Tendenz oder ein Wunsch inne, auf eine bestimmte Art genutzt zu werden. Sie *existiert* einfach, und zwar in einem Zustand völliger Neutralität. Und die intelligenten Wesen, die sie nutzen, können auf jede Weise von ihr Gebrauch machen, die sie für richtig halten.

Die Energie »bestraft« ihre Nutzer nicht. Entsprechend der Art und Weise, wie sie mit der Energie umgehen, erleben ihre Nutzer die Resultate, also die *Konsequenzen* ihres Handelns – was weder eine »Bestrafung« noch eine »Belohnung« ist.

So einfach ist es.

So elegant und genial einfach ist es.

∼

Der Schöpfungsvorgang ist an sich überhaupt nicht kompliziert. Hören Sie einfach auf Ihre Seele. Erstellen Sie, während Sie durchs Leben gehen, Ihre Wunschliste und richten Sie sich dabei nach den innersten Wünschen Ihrer Seele. Rufen Sie die Verwirklichung dieser Wünsche ins Dasein und empfangen Sie das, was in Ihr Leben kommt, voller Dankbarkeit und im Bewusstsein, dass sich in jedem Augenblick Vollkommenheit manifestiert.

So werden Sie wahren Frieden finden. Es ist der Friede, der uns verheißen wurde. Der Friede, der größer ist als alle Vernunft.

16. These

Gott möchte, dass wir in den Himmel zurückkehren

Noch ein Missverständnis über Gott.

In den meisten Geschichten, die uns über Gott erzählt werden, möchte Gott, dass wir in den Himmel zurückkehren. Wie bereits erwähnt, erklärte Papst Johannes Paul II. erst 1999, dass nicht Gott uns den Weg ins Paradies versperrt, denn »in seiner barmherzigen Liebe will er nichts anderes als das Heil derer, die von ihm geschaffen wurden«.

Sätze wie diese von besonders prominenten spirituellen Oberhäuptern erfüllen die Menschheit mit einem tief verwurzelten Gefühl, dass Gott sich die Heimkehr von uns allen zu Gott wünscht, wo wir dann bis in alle Ewigkeit das Wunder und die Vollkommenheit, die Schönheit und die Pracht des Paradieses erleben werden. Diese Chance stünde uns allen offen, wenn wir uns doch nur *an die Regeln halten* würden.

Jetzt kommt das große *Was wäre, wenn ...*

Was wäre, wenn Gott nicht will, dass wir in den Himmel zurückkehren?

Was wäre, wenn es einen
anderen Weg gibt, das Leben zu verstehen –
**und eine andere Agenda des Lebens –, die nichts
mit einer Rückkehr in den Himmel zu tun hat?**

Würde das einen Unterschied machen? Spielt es eine Rolle? Würde es sich spürbar auf unsere irdische Erfahrung auswirken?

Ja. Gütiger Himmel, *ja!* Dadurch würde sich alles ändern! Wenn die Menschheit eine falsche Vorstellung vom Sinn des Lebens hat, dann haben Milliarden Menschen, die an Gott und den Himmel glauben, keine Ahnung, was sie hier auf Erden eigentlich tun.

Leider treffen beide Aussagen in hohem Maße zu. Die Menschheit versteht den Sinn des Lebens nur unzureichend, und wir als Menschen haben keine Ahnung, was wir hier eigentlich tun. Das gilt mit Sicherheit für sehr, sehr viele Menschen.

Ich würde sagen, für die überwiegende Mehrheit.

Als wir erörterten, ob es Gott ist, der Dinge als »richtig« oder »falsch« einstuft, wiesen wir darauf hin, dass die Menschheit sich eingestehen müsste, dass wir uns, als Kollektiv, zutiefst im Unklaren darüber sind, was eigentlich der Sinn unseres Daseins ist und welche Ziele wir verfolgen. Nur auf der Basis dieses ehrlichen Eingeständnisses könnten wir neue Normen für unser Verhalten entwickeln, die darauf beruhen, *was für uns funktioniert und was nicht.*

Dass dies bislang nicht geschehen ist, erklärt, warum *so wenig* von dem funktioniert, was wir tun.

16. These

∽

Wir begannen dieses Buch mit Belegen für die nicht zu leugnende Wahrheit, dass unser politisches System, unser Wirtschaftssystem und alle anderen Systeme, die wir installiert haben, nicht die Resultate hervorbringen, die wir uns von ihnen erwarteten. Und, was am schlimmsten ist, unser *spirituelles* System – das sich doch eigentlich um *den ganzen Rest* kümmern sollte – hat unsere Probleme zusätzlich verschärft.

Und warum ist dieser letzte Satz wahr? Wegen dem, wovon wir glauben, dass wir es tun müssten, um »gerettet« zu werden.

Die Geschichte der Menschheit zeigt, dass wir, in unserem religiösen Eifer, *uns gegenseitig getötet haben, um uns zu retten.*

Das Traurige daran ist, dass so viele von uns es gar nicht besonders traurig finden.

Denn während all der Jahrhunderte (und leider bis zum gestrigen Tag) haben wir geglaubt, dabei *Gottes Werk* zu tun.

Während der dreihundert Jahre der christlichen Kreuzzüge glaubten die Leute, *Gottes Werk* zu tun, indem sie Tausende jener köpften, die sich weigerten, zum Christentum überzutreten.

In all den Jahrhunderten, während denen Muslime ganze Länder eroberten und unterdrückten und Unzählige töteten, um ein Kalifat, eine islamische Nation, zu erschaffen, glaubten sie, damit *Gottes Werk* zu tun.

Während all der Kämpfe und Terrorakte zwischen Protestanten und Katholiken in Irland, während all der Kämpfe und Terrorakte zwischen Sunniten und Schiiten im Irak, dachten die Menschen, sie würden *ihren Glauben verteidigen* und *für Gott kämpfen.*

Das alles veranlasste den ehemaligen Episkopalbischof von Kalifornien, William E. Swing, im Jahr 2000, als er die Vereinigte Religionsinitiative gründete, zu der ebenso treffenden wie schmerzlichen Frage: »In Gottes Namen, können wir nicht endlich damit aufhören, in Gottes Namen zu töten?«

⁓

Fairerweise muss man sagen, dass die meisten Menschen sich nicht an diesem Morden beteiligen. Die weit überwiegende Mehrheit begreift, dass das nicht der Weg nach Hause zu einem liebenden Gott sein kann.

Also sind sich Milliarden von uns darüber im Klaren, was *nicht* getan werden soll, wissen aber nicht, *was* sie tun sollen.

Wir glauben, Gott wünsche sich, dass wir in den Himmel zurückkehren, und wir sind bereit, alles zu tun, um Gott dabei zu helfen, uns dorthin zu holen … wir versagen uns Freuden und Genüsse, meiden bestimmte Speisen, zwingen uns, bestimmte Kleidung zu tragen, verzichten auf bestimmte Arten von Musik (oder überhaupt auf das Hören jeglicher Musik), tanzen nicht mehr, lassen uns einen Bart wachsen, enthalten uns jeder sexuellen Aktivität und dergleichen mehr.

Das ist keine Erfindung von mir.

Das, so haben sich viele von uns eingeredet, ist der Weg, um sich einen Platz im Himmel zu sichern.

Für viele von uns besteht der Trick darin, herauszufinden, wie wir Verhaltensweisen, die notwendig sind, um in den

16. These

Himmel zu kommen, mit Verhaltensweisen in Einklang bringen können, die notwendig sind, um auf der Erde klarzukommen.

Hat das eine überhaupt etwas mit dem anderen zu tun? Darauf sind wir kurz eingegangen, als wir fragten, ob es notwendig ist, Gott auf eine bestimmte Weise anzubeten.

Sollte es für uns Pflicht sein, an jedem Sonntag und allen Feiertagen zur Messe zu gehen wie die Katholiken?

Sollen wir, wenn der Muezzin vom Minarett aus den Gebetsruf *Adhan* (arabisch أذان) ertönen lässt, fünfmal täglich zum Gebet (*Salat*) in die Moschee gehen wie die Muslime?

Sollen wir, gemäß der jüdischen Tradition, uns während des *Amida* an vier Stellen verbeugen: am Anfang und Ende des ersten Segens Awot und vom zweiten bis zum letzten Segen *Hoda'a*, bei den Eröffnungsworten des *Awot* und zum Abschluss beider Segenssprüche?

Und was ist mit den Zehn Geboten und mit den fünf Säulen des Islam? Was ist mit dem Edlen Achtfachen Pfad des Buddhismus und der Doktrin von den vier Lebenszielen der hinduistischen Tradition?

Sollen wir den elf Göttlichen Gesetzen des Kemetismus gehorchen? Oder sollen wir uns nach dem Kitab-i-Aqdas, dem Gesetzbuch Baha'ullahs, richten? Und sollen wir uns an das Rehat Maryada des Sikhismus halten oder es einfach ignorieren?

»Gütiger Himmel, Gott!«, rufen wir verwirrt aus, »was ist denn nun der richtige Weg zurück zu dir? Wenn du möchtest, dass wir zu dir zurückkehren, warum erklärst du uns dann nicht einfach, klar und unmissverständlich, wie das geht?«

Das sind die Fragen, die die Menschheit seit Jahrhunderten stellt.

Nein, seit *Jahrtausenden*.

Und in all den Jahrtausenden ist es den Menschen, die diesen Planeten bevölkern, nicht eine Minute lang gelungen, sich darüber einig zu werden, was Gottes Antworten auf diese Fragen sind. Bis zum heutigen Tag bewegen wir uns in unterschiedliche Richtungen – und streiten uns, welcher Weg zur Rückkehr in den Himmel der richtige ist.

Könnte das daran liegen, dass diese Rückkehr gar nicht von uns erwartet wird? Könnte es sein, dass das, was wir hier auf der Erde zu tun versuchen, gar nichts mit dem zu tun hat, weswegen wir eigentlich hergekommen sind?

Könnte es also sein, dass es an Gott etwas gibt, das wir noch nicht richtig verstehen und durch das sich alles verändern würde, wenn wir es verstehen?

Ich glaube, diese Frage ist mit Ja zu beantworten.

Eindeutig Ja.

Es gibt ganz klar etwas, worüber wir uns *nicht* im Klaren sind.

Die Frage ist, ob wir bereit sind, das zuzugeben? Oder sind unsere Egos so riesig, dass wir auch nicht für eine Sekunde einräumen können, zu diesem Thema noch nicht alles zu wissen?

Das ist in der ersten Hälfte des 21. Jahrhunderts die zentrale Herausforderung für die gesamte Menschheit. Das ist die entscheidende Frage. Unsere Spezies ist an einem Wendepunkt ihrer Entwicklung angelangt.

16. These

GOTTES BOTSCHAFT AN DIE WELT

Vom Anbeginn der Zeit hat Gott uns gesagt, und von Tag zu Tag zeigt es sich deutlicher, **dass die alte überlieferte Geschichte der Menschheit, wonach Gott will, dass wir in den Himmel zurückkehren, schlichtweg falsch ist.**

Es ist völlig in Ordnung, wenn wir diese alte Lehre aufgeben und damit aufhören, sie ständig aufs Neue uns und unseren Kindern zu erzählen.

Gott will nicht, dass Sie in den Himmel zurückkehren. Gottes Botschaft an Sie ist, dass Sie sich im Himmel befinden, und zwar *jetzt*. Sie haben das Königreich Gottes nie verlassen. Gott möchte, dass Sie das wissen. Dieses Königreich ist in drei Bereiche unterteilt: den spirituellen Bereich, den materiellen Bereich und den Bereich des Reinen Seins.

So wie das Königreich Gottes in drei Bereiche unterteilt ist, existiert diese Dreiteilung auch in Ihnen. Die individualisierte Form der Wesenhaften Essenz, die Sie Ihr Selbst nennen, besteht aus Körper, Geist und Seele.

Während der Ewigkeit Ihres Lebens ist sich das, was Sie Ihre Seele nennen, aller drei Wesensteile gleichzeitig bewusst. *Erlebt* wird von Ihnen der Bereich, auf den jener Teil, den Sie Ihren Geist nennen, seine Aufmerksamkeit richtet. So können Sie erleben, was Sie »Jenseits«, »Nirwana«, »Glückseligkeit« oder »Wiedervereinigung mit Gott« nennen.

Je nachdem, auf welchen dieser Zustände Sie Ihre Aufmerksamkeit richten, strahlt das, was Sie Ihren Körper nennen, bestimmte Charakteristika aus. Man könnte es auch Energie-Signaturen nennen – oder, was populärer ist, »Schwingungen«. Mit anderen Worten, Ihr Körper – der physisch manifestierte Aspekt Ihres göttlichen Selbst – verändert die Schwingungsfrequenz der wesenhaften Essenz so, dass diese eine Singularisierung der Singularität hervorbringt. Ganz buchstäblich erschaffen Sie in jedem goldenen Augenblick des Jetzt sich selbst neu. Bestimmte Religionen nennen das »wiedergeboren werden«.

Durch diese dreigeteilte Individualisierung des Göttlichen, die sich unaufhörlich weiter transformiert, kann das Göttliche sich in seiner totalen Gesamtheit kennenlernen, zum Ausdruck bringen und erleben.

Dabei ist, wie stets, das Ganze größer als die Summe seiner Teile.

Einfach ausgedrückt, ist die Menschheit (und ebenso alle anderen Lebensformen) Gott, der sich selbst zum Ausdruck bringt und erlebt. Die Menschen sind besondere individuelle Ausformungen des Göttlichen. Daher ist es nicht unangemessen, dass wir uns Kinder Gottes nennen. Gott hat also kein Problem mit uns, sondern wir sind sein ureigenes Anliegen.

Hat jemand damit ein Problem? Ich hoffe nicht, weil wir alle Gottes Kinder sind und in Gottes Paradies existieren, um die Wunder und die Herrlichkeit des Göttlichen zu erleben. Wenn wir vergessen, Wer Wir Wirklich Sind, können wir das auf der Erde nicht erleben.

16. These

Und das geht jedem Menschen so. Die Frage ist: *Warum?* Welchen Nutzen hat das? Warum machen wir diese irdische Erfahrung, und welchen Nutzen hat es für uns, dass wir unsere wahre Identität vergessen?

Wir möchten glauben, dass Gott uns zu sich in den Himmel zurückwünscht, aber wenn das so ist, warum schickt Gott uns dann immer wieder *hierher* auf die Erde?

Manche, die an Reinkarnation glauben, beantworten diese Frage damit, dass sie sagen, unsere vielen Leben dienten dazu, uns zu reinigen, sodass wir schließlich zu Gott in den Himmel zurückkehren können. Nach dieser Deutung wären diese vielen Inkarnationen unser Fegefeuer, unsere Feuerprüfung. Und wenn wir unsere »karmischen Schulden« bezahlt und ein letztes Leben frei von menschlichen Schwächen geführt und somit kein neues Karma mehr erzeugt haben, werden wir endlich von den Leiden des physischen Lebens »erlöst« und dürfen nach Hause zurück.

Jene, die nicht an die Wiedergeburt glauben, sagen, dass wir nur ein einziges Mal hierherkommen, dass aber alle Seelen dieses eine Leben durchlaufen müssen, weil ...

... nun, eigentlich wissen wir gar nicht wirklich, warum. Wir wissen noch nicht einmal, wie wir eigentlich hierhergekommen sind. (Wir verstehen zwar die Biologie, aber nicht die Theologie.) Alles, was wir wissen, ist, dass wir uns hier wiederfinden, ohne dass wir eine andere Wahl hatten (oder jedenfalls kommt es uns so vor), und jetzt, wo wir nun einmal hier sind, wissen wir nicht, was wir damit anfangen sollen – außer wieder dorthin zurückzuwollen, wo wir, wie wir glauben/hoffen/imaginieren, hergekommen sind.

Und wo, bitte schön, *sind* wir hergekommen? Was, bitte schön, *ist* der Sinn des Lebens? Besteht er darin, alles zu tun, damit es uns im Jenseits gut geht? Geht es darum?

Nein. Das ist nicht der Sinn des Lebens.

Unser Verhalten auf der Erde hat nichts mit unserer Zugangsberechtigung für den Himmel zu tun.

∽

Ich weiß, ich weiß, das ist eine geradezu gotteslästerliche Behauptung. Zweifellos stellt sie eine radikale Herausforderung für die Theologie dar. Und schon allein deshalb lohnt es, sich näher mit ihr zu beschäftigen.

Wiederholen wir also den Satz und räumen ihm seinen gebührenden Platz ein:

> *Ihr Verhalten auf der Erde hat nichts*
> *mit Ihrer Zugangsberechtigung für*
> *den Himmel zu tun.*

Das trifft nicht deshalb zu, weil Gott Sie nach Ihrem Erdenleben mit offenen Armen empfängt, was auch immer Sie angestellt haben. Es trifft zu, weil Gott niemanden in seinen Armen willkommen heißen muss, der diese Arme niemals verlassen hat.

Sie werden immer von Gottes Armen getragen. Sogar jetzt.

Ja, Sie haben richtig gehört.

Gott hat Sie nie verlassen. Gott hat sich nie von Ihnen abgewandt, war nie nicht für Sie da – und ganz sicher hat er Sie nie von sich weggestoßen und Ihnen den Fluch der Erbsünde aufgebürdet.

Ihre Seele weiß das alles. Nur Ihr Geist, Ihr Verstand, hat es vergessen, und zwar aus gutem Grund.

Die Vergesslichkeit des Geistes ermöglicht es, dass die Erinnerung der Seele erneut erlebt werden kann – und weil diese Erinnerung so köstlich und glückselig ist, kann sie bis in alle Ewigkeit immer wieder neu erlebt werden.

Wenn Sie den Menschen gefunden haben, den Sie lieben, werden Sie nicht nur ein einziges Mal miteinander Ihre Liebe teilen wollen. Nein, Sie umarmen sich, lösen die Umarmung und umarmen sich wieder. Sie wissen, dass die Glückseligkeit der Wiedervereinigung nur durch die vorübergehende Trennung erzeugt werden kann.

Das trifft auf der menschlichen Ebene zu, und es gilt auch für die himmlische Ebene. Wir alle erinnern uns daran – oder erfahren es wieder und wieder, ein Teil vom Körper Gottes zu sein.

Ihre Seele macht ständig die Erfahrung, in den Armen Gottes geborgen zu sein. Sie erlebt das auch jetzt in diesem Moment. Sie erlebt, dass sie *Teil* Gottes ist, *eins* mit Gott. Doch Ihr Geist kann Sie denken machen, das wäre nicht wahr, nicht real. Das gehört zu seiner Aufgabe.

Die Aufgabe Ihres Geistes besteht darin, dafür zu sorgen, dass Sie sich in Ihrem Erleben von der Gesamtheit des Seins *trennen*, die Gott genannt wird. Das ermöglicht Ihnen zu tun, wofür Sie diese scheinbare Trennung eingegangen sind – die ungeteilte, ungetrennte Realität wieder zu erfahren, und zwar nacheinander immer nur ein Element, einen Aspekt, eine Facette, eine Qualität. Um das zu tun, stehen Ihnen unzählige Inkarnationen zur Verfügung und unzählige Gelegenheiten innerhalb jeder einzelnen Inkarnation.

~

Über diesen tatsächlichen Sinn des Lebens sagt uns unsere alte überlieferte Geschichte überhaupt nichts. Sie sagt uns vieles, was wir frei erfunden haben – Mythen, Geschichten, Legenden und Aberglauben, geschaffen aus unseren Ängsten. Über unsere wahre Bestimmung erfahren wir dort nichts.

Für Jahrhunderte und Jahrtausende war das, was die Alten den Jungen erzählten, auf diese Weise eingeengt und fehlerhaft. Bis zum heutigen Tag lehren die Alten die Jungen *die immer gleiche alte Geschichte*. So »suchten die Sünden der Väter ihre Söhne heim, bis in die siebte Generation«.

Das bedeutet nicht, dass wir Sünden geerbt haben. Wir haben *Irrtümer* geerbt.

Die fundamentale Herausforderung des Menschseins ist nicht, dass wir »in Sünde geboren« werden, sondern es sind die von Generation zu Generation weitergegebenen Irrtümer darüber, wer wir angeblich sind und warum wir hier sind.

Diese Falschinformationen bewirken, dass wir Menschen uns bis zum heutigen Tag so verhalten, wie wir es nun einmal tun. Das ist nicht unsere Natur. Es ist unsere *Erziehung*.

~

16. These

Doch hier wird Ihnen etwas Neues vermittelt, bessere Richtlinien als die alten.

Dieses Buch ist nicht die einzige Quelle für dieses Wissen. Es ist nur eine von zahlreichen Quellen, und die Botschaft ist immer die Gleiche:

Sie sind nicht hier, um mühsam einen Weg zu finden, der Sie dorthin zurückbringt, woher Sie kamen. Sie sind nicht auf der Erde, um einfach nur zu versuchen, wieder in den Himmel zu kommen. Sie haben den Himmel nie verlassen. Ihr körperliches Leben ist Teil Ihres ewigen Lebens. Sie sind auf die Erde gekommen, um sich selbst als Ihr wahres Sein zu erleben, und das ist nur im Königreich Gottes möglich – wo Sie sich hier und jetzt befinden!

Es gibt eine andere Agenda für Ihr Leben, und sie hat nichts damit zu tun, sich selbst zu retten. Sie hat damit zu tun, dass Sie sich an sich selbst erinnern.

Ihre Anwesenheit im Königreich Gottes hat nichts damit zu tun, ob Sie es »verdienen«, dort zu sein. Gottes Liebe muss man sich nicht verdienen. Sie ist allgegenwärtig. Und sie wird allen Lebewesen geschenkt. Dass Sie lebendig sind, ist Beweis genug, dass Ihnen Gottes Liebe geschenkt wird, denn das Leben ist die zum Ausdruck gebrachte Liebe Gottes.

Ihre Anwesenheit im Königreich Gottes hat auch nichts mit »Gerechtigkeit« zu tun. Sie sind nicht hier in Gottes Königreich, weil Sie nichts falsch gemacht oder für alle Ihre früheren »Fehler« bereits »bezahlt« haben. Die ganze Idee der »Gerechtigkeit« als Begründung für das Dogma von Hölle und ewiger Verdammnis wird im Kapitel *Da ist noch etwas* dieses Buches *aus der Sicht Gottes* behandelt. Vermutlich werden Sie es wieder und wieder lesen wollen, denn es entlarvt die Illusion von »Gerechtigkeit« und »Moral« mit absoluter Klarheit.

Doch zunächst werden wir unsere Liste der Missverständnisse über Gott abschließen, indem wir uns mit dem schlimmsten Irrtum überhaupt befassen.

17. These

Gott existiert getrennt von uns

Das letzte und größte Missverständnis über Gott.

Jetzt ist es so weit. Wir stellen uns dem größten Missverständnis und geben uns endlich die Gelegenheit, es durch größte Bewusstheit zu ersetzen.

Die meisten von uns hier auf der Erde – jene, die irgendeine Art religiöser Erziehung genossen, und jene, die auf andere Weise mit der Idee, dass es Gott gibt, in Berührung kamen – haben gehört, dass Gott Alpha und Omega ist, der All-Eine, der Anfang und das Ende.

Auch wurde uns gesagt – was dazu in einem gewissen Widerspruch steht –, dass Gott von uns getrennt ist (was hieße, dass Gott doch nicht der »All-Eine« sein kann) und dass unser Auftrag, unsere Herausforderung darin besteht, irgendwie wieder zusammenzufügen, was getrennt wurde.

Jetzt kommt das größte *Was wäre, wenn* von allen ...

**Was wäre, wenn Gott überhaupt
nicht von uns getrennt ist
und wenn er überhaupt von gar nichts
in irgendeiner Weise getrennt ist?**

Würde das einen Unterschied machen? Spielt es eine Rolle? Würde es sich spürbar auf unsere irdische Erfahrung auswirken?

Ja. Es würde bezüglich der Art und Weise, wie das Leben hier auf Erden gelebt wird, *alles* verändern. Es würde Ihre eigene Selbsterfahrung vollkommen verändern. Es würde die Art und Weise, wie Sie die anderen erleben und von ihnen wahrgenommen werden, vollkommen verändern. Und es würde Ihre Gotteserfahrung vollkommen verändern.

Es würde so ziemlich alles vollkommen verändern.

Wenn unsere Spezies ihr Einssein mit dem Göttlichen akzeptierte, würde sich das menschliche Verhalten um 180 Grad ändern, denn wir würden dann alle unsere Artgenossen als gesegnet betrachten. Und wir wüssten, dass alles, was wir denken, Gedanken über Gott sind, und dass wir alles, was wir irgendeinem Lebewesen antun, Gott antun, denn Gott ist in allem.

Wäre das unsere Sicht der Dinge, gäbe es für uns keinen Grund mehr, über irgendjemanden negativ zu denken oder sich ihm gegenüber zu verhalten. Denn wenn alle Menschen alle anderen Menschen als göttlich ansehen und dementsprechend behandeln, würden alle Verhaltensweisen, die eine negative Reaktion rechtfertigen könnten, völlig aus unserer Erfahrung verschwinden.

Stellen Sie sich vor, wie Sie Gott behandeln würden, wenn Gott vor Ihnen stünde. Übertragen Sie das auf Ihren Umgang mit anderen Menschen, und stellen Sie sich vor, wie Sie die Leute behandeln würden, wenn Sie sie als göttlich betrachten würden. Und stellen Sie sich eine Welt vor, in der alle Sie so

17. These

behandeln würden, als wären Sie göttlich. Würden Sie die anderen in einer solchen Welt nicht ebenso behandeln?

∼

Gegenwärtig scheint ein solcher Zustand für uns unerreichbar. Wir scheinen unfähig, die Idee zu akzeptieren, dass *jeder* Mensch göttlich ist. Das ist keine Kleinigkeit, denn unter den religiösen Menschen glaubt die Mehrheit an eine Theologie der Trennung.

Eine Theologie der Trennung geht davon aus, dass wir »hier« sind und Gott »dort« ist.

Das könnte ja noch funktionieren, aber das Problem mit der Theologie der Trennung zwischen Gott und seiner Schöpfung besteht darin, dass sie eine Kosmologie des Getrenntseins hervorbringt. Das heißt, man betrachtet auch die gesamte Natur so, dass in ihr alles von allem getrennt ist.

Das könnte ja noch funktionieren, aber das Problem mit der Kosmologie der Trennung ist, dass sie eine Psychologie der Trennung hervorbringt. Das heißt ein psychologisches Profil, bei dem ich »hier« bin und die anderen »dort« sind.

Das könnte ja noch funktionieren, aber das Problem mit der Psychologie der Trennung ist, dass sie eine Soziologie der Trennung hervorbringt – das heißt einen Umgang der Menschen untereinander, bei dem alle Individuen und Gruppen in der Gesellschaft als getrennte Entitäten agieren, die ihre eigenen getrennten Interessen verfolgen.

Selbst das könnte ja noch funktionieren, aber das Problem mit der Soziologie der Trennung ist, dass sie eine Pathologie der Trennung hervorbringt. Das heißt *pathologische, selbstzerstörerische Verhaltensweisen*, die sowohl individuell wie kollektiv auftreten und Leid, Konflikt, Gewalt und Tod verursachen – die Menschheitsgeschichte ist voll davon.

Wenn wir die Geschichte der Trennung aus unserer überlieferten Geschichte eliminieren, würde das auch all jene Verhaltensweisen zum Verschwinden bringen, die durch diese jahrtausendealte Saga erzeugt wurden.

∼

Die Geschichte der Trennung geht auf die ersten Versuche unserer Spezies zurück, das Leben zu verstehen.

Das, was wir heute »Selbst-Bewusstheit« nennen, entwickelte sich, als wir anfingen, uns selbst als Individuen wahrzunehmen und zu erkennen. Vielleicht sahen wir unser Spiegelbild in einem Tümpel, und dadurch wurde diese Wahrnehmung unserer selbst als Individuum ausgelöst. Wir hoben eine Hand, um uns am Kopf zu kratzen, und sahen, wie »der Mensch im Tümpel« dasselbe tat ... und schon bald begannen wir, die Idee des »Selbst« zu entwickeln.

Der nächste Schritt in der Entwicklung, uns als voneinander und unserer Umwelt getrennt wahrzunehmen, geschah vermutlich, als wir mit unserer Sippe am Lagerfeuer saßen und plötzlich ein Blitz über den Himmel zuckte, gefolgt von einem dröhnenden Donnerschlag. Wir blickten besorgt umher und fragten: »Hat *einer von euch* das getan?« Als alle anderen Mitglieder der Sippe mit einem panischen »Nein!«

17. These

den Kopf schüttelten, traf uns die verblüffende Erkenntnis: *Es gibt noch etwas Anderes als uns.*

Dieses *Andere* schien, wie weitere Beobachtungen belegten, weitaus *mächtiger* als wir zu sein. Es konnte Wind, Regen und heftige Stürme verursachen und Hitze und Trockenzeiten, die kein Ende zu nehmen schienen. Es konnte den Boden unter unseren Füßen erzittern und Spalten sich darin auftun lassen. Es konnte sogar Waldbrände entfachen.

Es wurde uns klar, dass wir einen Weg finden mussten, dieses *Andere* zu kontrollieren, denn sonst würde unser Leben ihm auf ewig ausgeliefert sein. Doch wir konnten einfach keine Methode ersinnen, mit der sich das bewerkstelligen ließ. Wir versuchten alles Erdenkliche. Wir wussten, dass wir einen Weg finden mussten, die Götter gnädig zu stimmen.

~

Natürlich nannten wir diese Elemente der Natur anfangs nicht »Götter«. Das Wort entstand erst viel später. Aber wir dachten uns das *Andere* als einen Aspekt unseres Daseins, der mächtig war und sich nicht beherrschen ließ.

Einige Mitglieder unseres Clans benahmen sich ganz ähnlich. Der größte, stärkste und brutalste Mann der Sippe terrorisierte die anderen, und ständig bemühten sich alle, ihn zufriedenzustellen. Man brachte ihm Opfergaben – schöne Jungfrauen, üppiges Essen und erstaunliche Dinge, die der Reichtum der Erde hervorbrachte.

Einmal, als wegen einer anhaltenden Trockenheit und den Opfern, die ihm das abverlangte, der Brutalste unter uns besonders übellaunig war, versuchten die anderen, ihn so gut wie möglich zu besänftigen, damit er seine Wut nicht an ihnen ausließ. Wir veranstalteten am Lagerfeuer eine »Party« für den Anführer, sangen und tanzten für ihn. Jemand brach einen sterbenden Zweig von einem Baum ab und schüttelte ihn als Teil seines Tanzes. Die welken Blätter raschelten im Rhythmus des Tänzers, der sich wirbelnd um die lodernden Flammen bewegte.

Rein zufällig tat sich in diesem Moment der Himmel auf, und ein heftiger Regenguss prasselte herab. Alle waren geschockt! Aufgrund der noch geringen intellektuellen Entwicklung der Sippe in jener Zeit glaubten alle, der Tanz mit dem Zweig habe den Regen hervorgerufen.

Die Mitglieder der Sippe hatten einen Weg gefunden, das *Andere* zu besänftigen und zufriedenzustellen! Sie hatten nicht nur ihren brutalen Anführer beschwichtigt, sondern auch das brutale *Andere*! Und dann hatte es getan, was sie sich erhofft hatten!

Alle Mitglieder der Sippe waren sehr aufgeregt! Der »Regenmann« rückte auf den höchsten Rang vor. Man schuf ein Ritual, und innerhalb der Sippe bildete sich eine besondere Kaste derjenigen, die den Tanz aufführten. Weil die Sippe glaubte, dass der Tanz mit dem Zweig, den der Regenmann vollführt hatte, Regen erzeugte, *regnete es von nun an tatsächlich häufiger*, wenn sie den Regentanz tanzten. Da die Metaphysik nun einmal so ist, wie sie ist, funktionierte die Formel. Denn der metaphysische Prozess erzeugt in der Materie das, woran diejenigen glauben, die ihn anwenden – das funktioniert heute noch genauso wie in der Steinzeit.

17. These

Als es dieses erste Mal während des Tanzes regnete, hatte keiner der Tänzer dies beabsichtigt. Doch ohne Zweifel wurde der Regen durch die brennende Hoffnung der Tänzer und ihren tiefen, aufrichtigen Wunsch ausgelöst, dass die Trockenheit endlich enden möge und ihr Anführer dadurch besänftigt würde. Und es ließ sich nicht leugnen, dass der erlösende Regen genau in dem Moment gekommen war, als sie den lauten Tanz aufführten. Daher glaubten sie, der Tanz habe den Regen verursacht.

So wurde die Religion geboren.

~

Diese Geschichte habe ich frei erfunden. Es war eine Erkenntnis – wenn Sie möchten, können Sie es auch Inspiration nennen –, die ich während meiner Gespräche mit Gott empfing. Die Geschichte mag fehlerhaft sein, aber ich bin überzeugt, dass in der Frühzeit der Menschheit dieses oder ein sehr ähnliches Ereignis stattgefunden haben muss, wodurch unser Gefühl des Getrenntseins und unser Gefühl, dass es das *Andere* gibt, entstanden – und der Glaube daran, dieses Andere kontrollieren oder wenigstens *beeinflussen* zu können.

Die frühen Menschen interagierten mit der Alchemie des Universums, ohne sich dessen bewusst zu sein. Als unsere Verstandesfähigkeiten sich weiterentwickelten, begann unsere Spezies, diese Aktivität »Religion« zu nennen. Sie entwickelte ausgeklügeltere Methoden, »die Götter« zu besänftigen … und, später, den einen Gott, an dessen Existenz zu glauben die Menschen sich schließlich entschlossen. Und damit lagen wir völlig richtig. Es gibt das, was wir heute Gott nennen.

Grundfalsch ist aber unsere zentrale Vorstellung von Gott – dass Gott »etwas Anderes« ist.

Gottes botschaft an die welt

Vom Anbeginn der Zeit hat Gott uns gesagt, und von Tag zu Tag zeigt es sich deutlicher, **dass die alte überlieferte Geschichte der Menschheit darüber, dass wir von Gott getrennt wären, schlichtweg falsch ist.**

Es ist völlig in Ordnung, wenn wir diese alte Lehre aufgeben und damit aufhören, sie ständig aufs Neue uns und unseren Kindern zu erzählen.

Was für den Teufel gilt, dass nämlich seine Existenz ein Märchen ist, gilt auch für das Getrenntsein.

Alle Dinge sind ein Ding. Es gibt nur dieses Eine, und alles ist ein Teil davon.

Diesem Einen, was ist, wurden viele Namen gegeben, unter anderem: Adonai, Allah, Brahman, das Göttliche, göttliche Mutter, Elohim, Gott, Hari, Jehova, Krishna, der Herr, Rama und Vishnu. Und damit ist die Liste längst noch nicht vollständig.

Im Rahmen der Thematik dieses Buches nennen wir dieses Eine Gott. Es gibt für dieses Eine, das Alles ist, aber nicht den einen, richtigen oder angemessenen Namen.

17. These

Man kann das Eine, das Alles ist, auch einfach Leben nennen. Denn das Leben in allen Formen, in denen es sich manifestiert, ist, was das Eine ist. Alles Physische und Nichtphysische, Sichtbare und Unsichtbare, Bekannte und Unbekannte ist Teil des Lebens. Und demnach ist es die Manifestation der Gesamtheit, die hier in diesem Buch Gott genannt wird.

Weil es nichts anderes als dieses Eine gibt, gibt es nur die Ganzheit – also Gott.

Das war die Botschaft des Menschen Jesus Christus. Er kam hierher, um uns den Weg zurück zu uns selbst zu zeigen. Er sagte, dass wir alle eins sind. Wer Ohren hat, der höre:

> Und ich heilige mich für sie, damit auch sie in der Wahrheit geheiligt sind. Aber ich bitte nicht nur für diese hier, sondern auch für alle, die durch ihr Wort an mich glauben. Alle sollen eins sein: Wie du, Vater, in mir bist und ich in dir bin, sollen auch sie in uns sein, damit die Welt glaubt, dass du mich gesandt hast. Und ich habe ihnen die Herrlichkeit gegeben, die du mir gegeben hast; denn sie sollen eins sein, wie wir eins sind.
> (Johannes 17,19–20)

Aber nicht nur Jesus veranschaulicht in der Bibel unsere wahre Identität:

> Haben wir nicht alle denselben Vater? Hat nicht der eine Gott uns alle erschaffen? Warum handeln wir dann

treulos, einer gegen den anderen, und entweihen den Bund unserer Väter?

(Maleachi 2,10)

... so sind wir, die vielen, ein Leib in Christus, als einzelne aber sind wir Glieder, die zueinander gehören.

(Römer 12,5)

Ein Brot ist es. Darum sind wir viele ein Leib.

(1 Korinther 10,17)

Gott existiert ewig in seiner Gesamtheit und kann daher niemals und durch nichts von sich selbst getrennt werden. Wäre irgendetwas, das existiert, in irgendeiner Weise von etwas anderem getrennt, wäre das Eine nicht mehr nur das Eine, sondern mehr als eins – was unmöglich ist.

Gott existiert als singuläre Realität, kann sich aber in einer Vielzahl von Formen manifestieren. Diese Formenvielfalt darf aber nicht mit einer Vielfalt separat existierender Dinge verwechselt werden. Gott ist das Eine, das sich selbst in unendlichen Variationen offenbart, demonstriert und erschafft. Dies erfolgt durch einen Prozess, der in der Sprache der Menschen als Differenzierung bezeichnet wird – ein Ausdruck, den wir in diesem Buch bereits verwendet haben.

Differenzierung bedeutet nicht Trennung, sondern einfach individuelle Ausformung – so wie die Finger sich zwar

17. These

in ihrer Gestalt von der Hand unterscheiden, von dieser aber nicht getrennt sind. Wenn eine Stammzelle im menschlichen Körper sich ausdifferenziert und spezialisiert, ist sie doch niemals etwas anderes als die Zelle selbst.

Da es nur ein Element, eine Energie gibt, können wir folgern, dass alles, was wir in der materiellen Welt beobachten und erleben, Ausdrucksformen dieser Einen Energie sind. Das eine Element, das existiert, ist die reine, undifferenzierte Energie, die wir Leben nennen. Sie offenbart sich uns, wo immer wir hinschauen – und existiert auch im Unsichtbaren.

Die Wesenhafte Essenz lässt aus sich selbst eine Vielzahl von Lebensformen entstehen. Diese Lebensformen sind für Gott, was die Wellen für den Ozean sind: untrennbare Teile von ihm, die als singuläre Ausdrucksformen des Einen in Erscheinung treten.

Eine Welle inmitten des Ozeans ist »nichts anderes« als der Ozean. Und sie muss auch nicht zum Ozean »heimkehren«. Sie ist der Ozean, der sich in einer speziellen Form manifestiert.

So sind auch Sie ein Teil Gottes. Sie müssen nicht zu Gott »heimkehren«. Sie müssen sich nur daran erinnern, dass Sie nie von Gott getrennt waren und nie von Gott getrennt werden können. Und dann müssen Sie sich so verhalten, als wäre diese Aussage wahr.

Wie schon gesagt: Wenn die gesamte Menschheit sich an unser Einssein mit Gott erinnert, kann unsere Zeit auf diesem Planeten ein Wunder zum Ausdruck gebrachter Liebe werden, und unser ganzes Leben würde sich vollkommen verändern.

Von allen Missverständnissen über Gott hat dieses die weitreichendsten Konsequenzen. Es führt dazu, dass wir uns allein und isoliert fühlen. Es erzeugt Hoffnungslosigkeit und Verzweiflung. Es fördert Grausamkeit, rechtfertigt Rache und Gewalt. Von allen Missverständnissen über Gott ist es dasjenige, das alle Dominosteine umfallen lässt.

Wenn wir uns für die Wahrheit öffnen, dass Gott und wir eins sind, ändert sich alles. Unsere gesamte Erfahrung auf Erden wandelt sich dramatisch. Unsere ganze Reise von der Geburt zum Tod wird auf eine neue Ebene gehoben, und eine völlig neue Art zu leben tut sich für uns auf.

Wir gelangen vom *Tun* zum *Sein* – und wenn wir uns dafür entscheiden, göttlich zu sein, wirkt das inspirierend auf unsere gesamte Umgebung. Denn göttlich zu sein heißt, schlicht und einfach, Liebe zu sein. Und das ist es, wonach sich unsere Welt sehnt.

Seit Anbeginn der Zeit wollen alle Menschen nur eines: in der Liebe *sein* – lieben und geliebt werden. Und was haben wir seit Anbeginn der Zeit *getan*? Regeln und Vorschriften geschaffen, Traditionen und Stammestabus, soziale Sitten und Bräuche und religiöse Gebote, die uns sagen, wen, was, wo, warum und wie wir lieben dürfen – und wen, was, wo, warum und wie wir nicht lieben dürfen.

Leider ist die zweite Liste länger als die erste.

Das sagt etwas über uns als Spezies aus. Nichts Schlechtes, sondern das, was ich in diesem Buch schon mehrfach erwähnte: Wir sind noch sehr jung. Doch wir werden reifer. Wir entwickeln uns weiter.

17. These

Und wir lernen, dass das Leben nicht so ist, wie wir dachten. Es ist viel, viel mehr. Und Gott ist nicht so, wie wir dachten. Nicht annähernd.

Nachdem wir jetzt also endlich und für alle Zeiten mit unseren Missverständnissen über Gott aufgeräumt haben, können wir uns der großen Freude zuwenden, uns an die Originalbotschaft zu erinnern.

Da ist noch etwas

Okay, das ist es. Das sind die großen Missverständnisse und Irrtümer über Gott, denen, meiner Beobachtung nach, Milliarden Menschen auf der Welt unterliegen. Und ich habe mich bemüht, dem, was mir in *Gespräche mit Gott* zu diesen Missverständnissen erstmalig mitgeteilt wurde, auf bestmögliche Weise Ausdruck zu verleihen.

Ich hoffe, ich bin dem gerecht geworden, denn ich glaube, dass diese Informationen für unsere Spezies zum gegenwärtigen Zeitpunkt von enormer Bedeutung sind.

Und jetzt, im Anschluss, scheint es mir angebracht, dass wir uns etwas ebenfalls sehr Bedeutungsvollem zuwenden, nämlich der Idee von der »göttlichen Gerechtigkeit«.

Diese Doktrin bildet das Fundament für die verbreitete Vorstellung, dass wir für unsere Missetaten der Vergebung Gottes bedürfen, dass der Preis für unsere »Sünden« darin besteht, in einer Art Zwischenstation auf dem Weg zum Himmel für eine gewisse Zeit grässliche Qualen zu erdulden, oder dass uns, wenn wir vollkommen unverzeihliche Sünden begangen haben, die Pforten des Himmels auf ewig verschlossen bleiben.

Alle diese Ideen fußen auf dem Konzept, dass die »Gerechtigkeit Gottes« es erfordert, Gottes göttlichen Kindern göttliche Strafen aufzuerlegen, wenn sie sich ungöttlich verhalten haben. Diese von vielen Religionen propagierte Doktrin soll uns aus der Verwirrung befreien, die dadurch entsteht, dass die traditionelle Definition unserer Gottheit als »Gott der Liebe« mit der Mahnung verknüpft wird, dass wir Gott trotzdem fürchten sollen.

Die Weltreligionen konnten der Menschheit nur schlecht die Doktrin eines richtenden, rachsüchtigen Gottes präsentieren, dessen Liebe sich allzu leicht in Zorn verwandelt, ohne dass es einen Grund für diesen Zorn Gottes gäbe – also *erfanden* die Religionen einen solchen Grund. Gott handele nicht aus Lieblosigkeit so, behaupten sie, sondern der Gerechtigkeit wegen.

Unsere Religionen fordern von uns, daran zu glauben, dass Urteile ohne Berufungsmöglichkeit, Verdammung ohne Ausnahme und Strafen ohne Ende notwendige Reaktionen Gottes auf die bösen Taten seiner Geschöpfe seien – wozu auch die unvergleichlich böse Tat zählt, der falschen Religion anzugehören.

Die Religionen könnten natürlich einfach verkünden, dass ihre Doktrin von der himmlischen »Vollkommenheit« und »Gerechtigkeit« aus einem Missverständnis über das wahre Wesen Gottes entstanden ist. Aber dann wären Verdammung und Bestrafung im Leben nach dem Tod überflüssig – und wenn diese furchteinflößende Zukunftsaussicht wegfiele, wären die meisten Religionen ihres wichtigsten Instruments beraubt, mit dem sie ihre Mitglieder bei der Stange halten und neue rekrutieren.

Daher wurde im Lauf der Jahrhunderte und Jahrtausende immer wieder verkündet, dass der Himmel nur die Vollkommenen und Gerechten aufnimmt. In den religiösen Lehren der Menschheit wurde die Doktrin zementiert, dass die *nur leicht Unvollkommenen* gereinigt werden müssen (durch die Qualen im Fegefeuer), während die *unverzeihlich Unvollkommenen* aus dem Weg geräumt werden (durch ewige Bestrafung in der Hölle), und diese Lehre gilt bis heute, so archaisch sie uns auch erscheinen mag.

∼

Schauen wir uns nun an, was von alledem wirklich wahr ist.

Keine andere Erklärung könnte die Klarheit des nachfolgenden Zitates aus dem *GmG*-Originalmaterial erreichen, das dem Buch *Neue Offenbarungen: Ein Gespräch mit Gott* entnommen ist. Dabei handelt es sich, wie Sie vielleicht wissen, um ein Gespräch zwischen Gott und der Menschheit.

Gott spricht als Erster:

Selbst wenn ich den ausgesprochen un-göttlichen Gedanken hegte, dass ihr den Himmel nicht »verdient«, warum sollte ich das Bedürfnis verspüren, euer Versagen zu bestrafen oder mich an euch zu rächen? Wäre es nicht viel einfacher, mich eurer zu entledigen? Welcher rachsüchtige Aspekt in mir würde es erforderlich machen, dass ich euch ewigen Qualen von unbeschreiblicher Schrecklichkeit aussetze?

Wenn ihr einwendet: »Das Bedürfnis nach Gerechtigkeit« – würde der Gerechtigkeit nicht auch dadurch Genüge getan, dass ich euch von der Kommunion mit mir im Himmel ausschließe? Müsst ihr auch noch endlosen Schmerzen ausgesetzt werden?

Ich sage dir, dass es nach dem Tod solche Erfahrungen, wie sie von euren auf Angst beruhenden Theologien erfunden wurden, nicht gibt. Doch kann eure Seele eine Erfahrung des Unglücks, des Mangels und der Trennung von Gottes größter Freude machen, die für sie wie die Hölle ist.

Aber ich schicke euch nicht in diese Hölle und erlege euch keine solche Erfahrung auf. Ihr selbst erschafft diese Erfahrung, wenn ihr euch von euren eigenen höchsten Gedanken über euch selbst entfernt.

Ihr selbst erschafft die Erfahrung, wenn ihr euer Selbst verleugnet, wenn ihr ablehnt, wer und was ihr wirklich seid.

Doch selbst diese Erfahrung ist niemals ewig. Das kann sie gar nicht sein, denn es ist nicht mein Plan, dass ihr auf ewig von mir getrennt sein sollt. Das wäre auch völlig unmöglich – denn um das herbeizuführen, müsstet nicht nur ihr selbst euer wahres Sein verleugnen, sondern ich müsste das auch tun.

Das aber wird niemals geschehen. Und solange einer von uns an der Wahrheit über euch festhält, bleibt diese Wahrheit ewig bestehen.

Aber wenn es keine Hölle gibt, kann ich dann tun, was ich will, mich verhalten, wie es mir beliebt, jede Tat begehen, ohne deine Strafe fürchten zu müssen?

Braucht ihr denn Furcht, um zu sein, zu tun und zu haben, was wirklich richtig ist? Muss man euch drohen, damit ihr euch »gut« verhaltet? Und was bedeutet »gut« sein? Wer hat diesbezüglich das letzte Wort? Wer legt die Regeln fest?

Ich sage dir: Ihr macht eure Regeln selbst. Und ihr beurteilt selbst, wie gut ihr es gemacht habt. Denn ihr selbst entscheidet, wer und was ihr wirklich seid – und wer ihr sein wollt. Und allein ihr selbst könnt einschätzen, wie gut ihr eure Sache macht.

Niemand sonst wird jemals über euch urteilen, denn warum und wie sollte Gott über seine eigene Schöpfung urteilen und sie schlecht nennen? Wenn ich wollte, dass ihr perfekt seid und alles, was ihr tut, perfekt ist, hätte ich euch von Anfang an im Zustand völliger Perfektion belassen. Der Sinn des ganzen Prozesses war aber, dass ihr euch selbst entdeckt, euch selbst erschafft, so wie ihr wahrhaft seid – und wirklich sein wollt. Doch das wäre nicht möglich gewesen, wenn ihr nicht die Wahl gehabt hättet, auch etwas anderes zu sein.

Soll ich euch also bestrafen, weil ihr eine Wahl getroffen habt, die ich euch selbst ermöglicht habe? Wenn ich nicht gewollt hätte, dass ihr unter zwei Dingen wählen könnt, wieso habe ich euch dann überhaupt eine Wahl gelassen?

Diese Frage müsst ihr euch stellen, ehe ihr mir die Rolle eines verurteilenden und verdammenden Gottes zuweist.

Die direkte Antwort auf deine Frage lautet: Ja, du kannst tun und lassen, was du willst, ohne meine Strafe fürchten zu müssen. Es ist aber ratsam, dass du dir die Konsequenzen deines Handelns bewusst machst.

Konsequenzen sind Resultate. Natürliche Folgen. Diese haben aber rein gar nichts mit Bestrafung zu tun. Resultate sind einfach Resultate. Sie sind Folgen der natürlichen Anwendung der Naturgesetze. Sie sind das, was, ziemlich vorhersehbar, als Konsequenz von dem eintritt, was zuvor eingetreten ist.

Alles physikalische Leben funktioniert im Einklang mit den Naturgesetzen. Wenn ihr euch an diese Gesetze erinnert und sie anwendet, habt ihr das Leben auf der physikalischen Ebene gemeistert.

Was euch wie eine Strafe erscheint – oder was ihr als böse oder als Schicksalsschlag bezeichnet –, ist nichts weiter als das Walten eines Naturgesetzes.

Viele Leute »kapieren« einen Gott nicht, der sagt: »So etwas wie Richtig und Falsch gibt es nicht«, oder der verkündet, dass er niemals über uns richten wird.

Also, nun entscheide dich mal! Erst beklagst du dich, ich würde über euch urteilen, und dann regst du dich auf, wenn ich es nicht tue.

Ich weiß, ich weiß. Das ist alles sehr verwirrend. Wir sind alle sehr … komplex. Wir wollen nicht, dass du über uns urteilst, aber dann wollen wir es doch. Wir wollen deine Strafen nicht, doch ohne sie fühlen wir uns verloren.

Und wenn du sagst: »Ich werde euch niemals bestrafen«, können wir das nicht glauben – und manche von uns werden richtig wütend deswegen. Denn wenn du nicht über uns richtest und uns bestrafst, was hält uns dann auf dem Pfad der Tugend? Und wenn es im Himmel keine »Gerechtigkeit« gibt, wer soll dann die ganze Ungerechtigkeit auf Erden beseitigen?

Warum erwartet ihr, dass der Himmel das korrigiert, was ihr »Ungerechtigkeit« nennt? Fällt denn nicht der Regen vom Himmel?

Ja.

Und ich sage dir: Der Regen fällt auf die Gerechten und die Ungerechten gleichermaßen.

Aber was ist mit »Mein ist die Rache, spricht der Herr«?

Das habe ich nie gesagt. Einer von euch hat es erfunden, und alle anderen haben es geglaubt.
»Gerechtigkeit« ist nicht etwas, das euch widerfährt, nachdem ihr euch in einer bestimmten Weise verhalten habt, sondern weil ihr euch in einer bestimmten Weise verhaltet. Gerechtigkeit ist aktives Tun, nicht die Strafe *für* eine Tat.

Ich sehe ein, dass das Problem mit unserer Gesellschaft ist, dass wir nach »Gerechtigkeit« rufen, nachdem ein »Unrecht« geschah, statt von vornherein »gerecht« zu handeln.

Damit triffst du den Nagel auf den Kopf! Gerechtigkeit ist eine Aktion, keine Reaktion. Erwartet also nicht von mir, dass ich am Ende alles »irgendwie repariere«, indem ich im »Jenseits« irgendeine Art von himmlischer Gerechtigkeit walten lasse.
Ich sage dir: Es gibt kein Jenseits, kein Leben nach dem Tod. Es gibt nur Leben. Der Tod existiert nicht. Und was

für euch, individuell und als Gesellschaft, Gerechtigkeit ist, demonstriert ihr dadurch, wie ihr euer Leben erfahrt und gestaltet.

Und noch zwei Dinge müssen angesprochen werden

Es wurden in diesem Buch noch zwei andere Themen angesprochen, bei denen wir ankündigten, vor dem Ende dieser Darlegung etwas ausführlicher auf sie einzugehen.

Wie Sie sich vielleicht erinnern, hieß es in dem Kapitel zur 15. These: »Gott ist das Leben selbst. Und damit ist er die Manifestation der Liebe in physikalischer Form. Jede Manifestation des Lebens ist eine Manifestation der Liebe. Aufgrund unserer begrenzten Wahrnehmung mag es uns anders erscheinen, aber es ist gewiss und ewig wahr.«

Das bedarf einer Erklärung.

∾

Jede Handlung ist ein Akt der Liebe. Manche aus Liebe begangenen Handlungen sind zutiefst verzerrt, entsetzlich ins Bösartige verdreht, doch geboren werden sie alle aus Liebe und sind Ausdruck von Liebe – wie deformiert und entstellt sie auch immer sein mögen.

Wenn ein Mensch nichts liebt, wird dieser Mensch auch nichts hassen. Denn ein Mensch hasst nur, wenn er nicht bekommen kann, was er liebt, oder wenn ihm das, was er liebt, genommen wird.

Wenn ein Mensch nichts liebt, wird dieser Mensch nie wütend sein. Denn ein Mensch wird nur dann wütend, wenn etwas, das er liebt, attackiert, gehemmt, verleugnet oder beschädigt wird.

Dem, der nicht liebt, ist alles gleichgültig.

Damit sollen schreckliche, grausame Taten in keiner Weise entschuldigt werden. Aber sie lassen sich verstehen.

In ihrem gewissermaßen noch frühkindlichen Entwicklungsstadium steht die Menschheit vor der Herausforderung, dass sie noch nicht gelernt hat, in allen Fällen zu lieben, ohne zu schaden. Hoch entwickelte Wesen sind in der Lage, auf diese Art zu existieren. Nur sehr wenige Menschen haben bisher eine Bewusstseinsstufe erreicht, auf der ein niemals schadendes Verhalten dauerhaft beibehalten werden kann.

Gott weiß das, und Gott versteht es.

Die bemerkenswerte Erkenntnis, dass jede Handlung aus Liebe geschieht, können wir anwenden, wenn andere Menschen Dinge tun, durch die wir uns verletzt oder geschädigt fühlen. Am schnellsten gelingt das, wenn wir uns, sobald wir uns verletzt oder geschädigt fühlen, unverzüglich an eine Zeit erinnern, als wir selbst einem anderen das Gleiche antaten, vielleicht nicht im selben Ausmaß, aber doch vergleichbar.

Es gibt nur wenige unfreundliche Handlungen anderer gegen uns, die wir nicht auch in vergleichbarer Form schon anderen angetan haben. Das wird von jeder spirituellen Tradition so gesehen. Darum wurden uns solche wundervollen Ratschläge wie die folgenden gegeben:

»Wer ohne Sünde ist, der werfe den ersten Stein.«

»Richtet nicht, auf dass ihr nicht gerichtet werdet.«

Und noch zwei Dinge müssen angesprochen werden

»Vergib uns unsere Schuld,
wie auch wir vergeben unseren Schuldigern.«

Diese Weisheit geht viel tiefer, als man es sich ursprünglich vielleicht vorgestellt hatte. Sie ist verwurzelt in dem Wissen, dass alle Handlungen Akte der Liebe sind und wir einander überhaupt nur deshalb verletzt haben, weil wir etwas so sehr liebten, dass wir uns um seinetwillen verletzend und schädigend gegen andere verhielten.

Es ist für den Menschen nicht natürlich, anderen Menschen Schmerz zuzufügen. Das ist einfach nicht Teil unseres Wesens. Es heißt, dass nur verletzte Menschen andere verletzen, und das stimmt. Deshalb ist das Erlösendste und Friedvollste, was wir zu einem Menschen sagen können, der uns Schaden zugefügt hat: »Bitte sage mir – was verletzt dich so sehr, dass du das Bedürfnis verspürst, mich zu verletzen, um es zu heilen?«

~

Das zweite Thema, das wir näher ausführen wollen, wurde in dem Kapitel zur 13. These angeschnitten, wo es heißt, dass alles, was wir für uns selbst tun, immer auch dem Ganzen dient. »Dafür, dass das so ist, gibt es mehrere Gründe, wie im weiteren Verlauf dieses Buches noch deutlich werden wird«, steht dort, und ich hoffe, dass es inzwischen deutlich wurde – vor allem, nachdem Sie das Kapitel zur 17. These gelesen haben. Dort steht: »Alle Dinge sind ein Ding. Es gibt nur dieses Eine, und alles ist ein Teil davon.«

Das meint sehr viel mehr als: »Du bist deines Bruders Hüter.« Es meint, dass Sie Ihr Bruder *sind* und dass Ihr Bruder Sie ist. Es meint, dass es zwischen Ihnen und Gott und zwischen Ihnen und allen anderen lebendigen Wesen keinerlei wirkliche Trennung gibt, sondern nur eine scheinbare.

Mir hilft eine einfache Aussage, diese Tatsache zu verinnerlichen: Was ich für dich tue, tue ich für mich. Was ich dir gegenüber versäume, versäume ich mir selbst gegenüber. Wir sind alle eins. Ich weiß, dass es so aussieht, als wären wir alle voneinander getrennt. Aber wir sind individuelle Ausdrucksformen eines einzigen Wesens. Und wir wünschen uns alle dasselbe, weil wir alle dasselbe sind: Liebe. Wir wünschen uns, einfach zum Ausdruck zu bringen und zu erleben, was und wer wir sind.

Der Augenblick der Entscheidung ist da

Es ist jetzt der Zeitpunkt gekommen, eine Entscheidung zu treffen. Nicht weil Sie sich dem Ende des Buches nähern, sondern weil die Menschheit als Kollektiv bald nicht mehr in der Lage sein wird, so weiterzumachen wie bisher.

Das ist nicht als Weltuntergangswarnung gemeint. Es ist einfach ein Wort an die Weisen. Wir müssen unbedingt unseren Kurs ändern, und das wird uns am schnellsten dadurch gelingen, dass wir unsere Vorstellungen von Gott ändern.

Zu dieser Entscheidung sind wir heute aufgerufen. Sind wir bereit, unser Denken über Gott zu ändern?

Und wo wir dies gerade ansprechen: Sind wir bereit, auch darüber, wer wir selbst sind, eine klare und endgültige Entscheidung zu treffen?

Fast fünf Milliarden unter den gegenwärtig sieben Milliarden Menschen auf der Welt glauben an die Existenz einer höheren Macht. Daher können Sie Ihr Leben darauf verwetten (tatsächlich tun Sie das auch), dass wichtige Entscheidungen – politisch, ökonomisch, ökologisch, bildungspolitisch, sozial und spirituell – auf Grundlage dessen getroffen werden, was die Leute über diese höhere Macht glauben. Und dazu gehören auch Sie.

Die Frage, was die Menschheit über Gott denkt und wie die Menschen über ihre individuelle Beziehung zu Gott denken, ist also alles andere als unwichtig – worauf wir schon im ersten Satz des ersten Kapitels hinwiesen.

Denken Sie beispielsweise an die Menschenleben, die man retten könnte, wenn unsere Spezies alle Verhaltensweisen ablegen würde, die auf der Vorstellung beruhen, wir wären voneinander und von Gott getrennt.

Stellen Sie sich vor, wie das Leben auf diesem Planeten aussähe, wenn wir uns so verhielten, als gäbe es keine Trennung zwischen uns – als würde ich das, was ich für Sie tue, für mich tun, und als würde ich das, was ich Ihnen gegenüber versäume, mir selbst gegenüber versäumen.

Die politischen, ökonomischen und sozialen Konsequenzen dieser Idee sind enorm. Würden wir unser Verhalten an dieser Idee ausrichten, könnten alle Systeme, die wir entwickelt haben, um ein besseres Leben für alle zu ermöglichen, tatsächlich *funktionieren*.

Endlich.

Es gäbe keinen Hunger mehr, keine Unterdrückung, keine Dominanz, keinen Terrorismus, keine Umweltzerstörung, keine Armut, kein weltweites menschliches Leid.

∼

Momentan können unsere dysfunktionalen Verhaltensweisen nicht beseitigt werden, weil sie auf der Doktrin vom »Überleben der Tüchtigsten« beruhen, einer Mentalität, die nur durch den Glauben an die Getrenntheit entstehen kann. Doch in jeder Zivilisation, die das Überleben des Ganzen als höchsten Wert anerkennt, nicht das Überleben des Einzelnen auf Kosten des Ganzen, findet eine gewaltige Transformation statt.

Das ist jetzt auf der Erde möglich und machbar.

Nicht über Nacht. Nicht in einer Woche, einem Monat, einem Jahr. Aber eher früher als später? Ja. Eher in Jahrzehnten als Jahrhunderten? Ja. Denn unsere bisherigen unbewussten Verhaltensweisen werden schnell als überholt und nicht länger wünschenswert gelten, sobald wir uns als Kollektiv unseres Einsseins bewusst werden.

Doch es gibt nicht nur globale Konsequenzen. Wenn Sie Ihre Ansichten über Ihr Einssein mit Gott und Ihren Mitmenschen ändern, hat das sofortige und beachtliche Auswirkungen auf Ihr persönliches Leben.

Sie können dann mehr Frieden, mehr Freude, mehr Zufriedenheit, mehr Liebe und mehr Freundschaft finden. Nicht nur vorübergehend, nicht nur ab und zu, sondern ständig, Ihr ganzes Leben lang. Und all das nur durch eine einfache Änderung Ihres Denkens!

Ich habe darüber bereits in *Der Sturm vor der Ruhe* geschrieben und möchte hier wiederholen, was ich dort sagte, denn die folgende Entscheidung kann Ihr Leben für immer verändern.

These:

Sie haben (so wie wir alle) zwei Wahlmöglichkeiten,
wie Sie über sich selbst denken wollen.

Wahl Nr. 1

Sie können sich als chemisches Geschöpf betrachten, als ein »logisches biologisches Ereignis«, das heißt also als logisches Ergebnis eines biologischen Prozesses, der durch zwei ältere biologische Prozesse, namentlich Ihre Mutter und Ihren Vater, in Gang gesetzt wurde.

Wenn Sie sich als chemisches Geschöpf sähen, dann hätten Sie zum größeren Prozess des Lebens nicht mehr Verbindung als jede andere chemische oder biologische Lebensform.

Wie allen anderen erginge es Ihnen so, dass *das Leben* zwar massiv auf Sie einwirken würde, Sie jedoch nur sehr wenig *auf das Leben* einwirken könnten. Gewiss könnten Sie keine Ereignisse erschaffen, außer in einem sehr schwachen, indirekten Sinne. Sie könnten *mehr* Leben hervorbringen (alle chemischen Geschöpfe tragen die biologische Fähigkeit in sich, mehr Individuen ihrer eigenen Art zu erzeugen), aber Sie könnten nicht so erschaffen, wie das Leben Dinge erschafft oder wie es sich in jedem Augenblick manifestiert.

Darüber hinaus würden Sie als Chemisches Geschöpf sich nur in sehr begrenztem Maße zutrauen, eine *Reaktion* der Ereignisse und Zustände des Lebens auf Ihre bewussten Absichten herbeiführen zu können. Sie würden sich als ein Wesen betrachten, das von seinen Gewohnheiten und Instinkten gesteuert ist und dem nur die Ressourcen zur Verfügung stehen, die seine Biologie bereitstellt.

Sie würden anerkennen, dass Sie über mehr Fähigkeiten verfügen als eine Schildkröte, weil Ihre Biologie Sie diesbezüglich besser ausgestattet hat. Sie würden auch anerkennen, dass Sie über mehr Fähigkeiten verfügen als ein Schmetterling, weil Ihre Biologie Sie diesbezüglich besser ausgestattet hat.

Sie würden ebenso davon ausgehen, dass Sie über mehr Fähigkeiten verfügen als ein Affe oder ein Delfin (aber im Vergleich zu diesen beiden Spezies wohl nicht über so viel mehr), weil Ihre Biologie Sie besser ausgestattet hat. Doch mehr als diese materiellen biologischen Fähigkeiten und Ressourcen würden Sie für sich nicht sehen.

Sie würden glauben, das Leben so nehmen zu müssen, wie es kommt, von Tag zu Tag, mit vielleicht einem winzigen Maß an »Kontrolle«, basierend auf Vorausplanung etc. Aber Sie wüssten stets, dass Sie in jedem Augenblick irgendetwas Unvorhergesehenes ereilen kann – was auch tatsächlich oft geschieht.

Wahl Nr. 2

Sie könnten sich als spirituelles Wesen betrachten,
das eine biologische Masse bewohnt,
die man »Körper« nennt.

Würden Sie sich als spirituelles Wesen betrachten, würden Sie davon ausgehen, dass Sie mit Kräften und Fähigkeiten ausgestattet sind, die jene eines einfachen Chemischen Geschöpfes weit übersteigen – was bedeutet, dass Sie über die absolute Fähigkeit verfügen, Ihre eigene Realität zu erschaffen, weil Ihre Realität nichts damit zu tun hat, die äußeren

Elemente Ihres Lebens zu *produzieren*, sondern mit Ihren *Reaktionen* auf diese produzierten Elemente.

Außerdem würden Sie als Spirituelles Wesen wissen, dass Sie aus einem spirituellen Grund hier (also auf der Erde) sind. Dabei handelt es sich um eine hoch fokussierte Bestimmung, die *nichts* mit Ihrer beruflichen Karriere, Ihrem Einkommen, Ihren Besitztümern und Leistungen oder anderen äußeren Umständen Ihres Lebens zu tun hat.

Sie würden wissen, dass Ihre Bestimmung mit Ihrem *inneren* Leben zu tun hat, dass es aber durchaus eine *Auswirkung* auf Ihr äußeres Leben hat, wie gut Sie Ihre spirituelle Bestimmung erfüllen.

(Denn die inneren Leben aller Individuen bringen zusammen, kumulativ, das äußere Leben des Kollektivs hervor. Auf diese Weise wirken Sie als einzelnes Spirituelles Wesen an der Evolution Ihrer Spezies mit.)

Meine Antwort

Ich habe entschieden, dass ich ein Spirituelles Wesen bin, ein Wesen, das aus drei Teilen besteht: Körper, Geist und Seele. Jeder Teil meines dreiteiligen Wesens hat eine Funktion und eine Bestimmung. Je besser ich diese Funktionen verstehe, desto besser kann jeder Aspekt meines Seins seine Bestimmung in meinem Leben erfüllen.

Ich bin eine Individuation des Göttlichen, eine Ausdrucksform Gottes, eine Singularisierung der Singularität.

Es gibt keine Trennung zwischen mir und Gott, und es gibt auch keinen Unterschied zwischen uns, ausgenommen

Der Augenblick der Entscheidung ist da

der Größenmaßstab. Einfach ausgedrückt: Gott und ich sind eins.

Das führt uns zu einer interessanten Frage. Beschuldigt man mich zu Recht der Ketzerei? Sind Leute, die glauben, göttlich zu sein, nicht vollkommen verrückt? Oder, schlimmer noch, sind sie Apostate, vom Glauben abgefallene Menschen?

Das beschäftigte mich. Also habe ich recherchiert. Ich wollte herausfinden, was religiöse und spirituelle Quellen zu diesem Thema zu sagen hatten. Hier sind Beispiele für das, was ich gefunden habe:

Jesaja 41,23 – Tut kund, was später noch kommt, damit wir erkennen: Ja, ihr seid Götter. Ja, tut Gutes oder Böses, damit wir alle zusammen es sehen und staunen.

Psalm 82,6 – Wohl habe ich gesagt: Ihr seid Götter, ihr alle seid Söhne des Höchsten.

Johannes 10,34 – Jesus erwiderte ihnen: Heißt es nicht in eurem Gesetz: Ich habe gesagt: Ihr seid Götter?

Der indische Philosoph Adi Shankara (788–820 n. Chr.), der die Philosophie des Advaita Vedanta systematisierte, schrieb in seinem berühmten Werk *Viveka Chudamani*: »Brahman ist die einzige Wahrheit, die räumlich-vergängliche Welt ist eine Illusion, und letztlich gibt es nur Brahman und das individuelle Selbst.«

Sri Swami Krishnananda Saraswati Maharaj (25.04.1922 –23.11.2001), ein Hindu-Heiliger, sagte: »Gott existiert. Es gibt nur Gott. Die Essenz des Menschen ist Gott.«

Dem Buddhismus zufolge gibt es letztlich kein vom Rest des Universums unabhängiges Selbst (die *Anatta*-Lehre). Wenn ich bestimmte buddhistische Denkrichtungen richtig verstehe, kehren die Menschen in aufeinanderfolgenden Leben zur Erde zurück und nehmen dabei eine von sechs möglichen Formen an. Die letzte dieser Formen wird *Devas* genannt ... was mit *Götter* oder *Gottheiten* übersetzt wird.

Die uralte chinesische Philosophie des Taoismus spricht von Verkörperung und einer pragmatischen Lebensführung. Durch die taoistische Übungspraxis soll im Menschen *die Natürliche Ordnung verwirklicht werden*. Taoisten glauben, dass der Mensch ein mikrokosmisches Abbild des Universums ist.

Die Hermetik ist ein System von philosophischen und religiösen Lehren. Sie beruht im Wesentlichen auf hellenistisch-ägyptischen pseudepigraphen Texten, die Hermes Trismegistos zugeschrieben werden. Die Hermetik lehrt, dass es einen transzendenten Gott gibt, das All, die eine »Ursache«, an der wir, und das gesamte Universum, teilhaben. Dieses Konzept wurde zuerst in der *Tabula Smaragdina* dargelegt mit den berühmten Worten: »Was oben ist, ist gleich dem, was unten ist, und was unten ist, ist gleich dem, was oben ist, fähig, die Wunder des Einen auszuführen.«

Und im Sufismus, einer esoterischen Form des Islam, wurde vor langer Zeit die Lehre *Es gibt keinen Gott außer Gott* geändert in: *Es gibt nichts außer Gott.* Und somit bin ich ... nun ja ... *Gott.*

Genügt das? Möchten Sie noch mehr darüber wissen? Es kann sehr lehrreich und faszinierend sein, in der *Wikipedia* zu recherchieren, der ich den größten Teil dieser Informationen verdanke.

Bemerkenswert sind auch die Werke von Huston Smith, einem international angesehenen Professor für Religionswissenschaft. Von seinen Büchern empfehle ich besonders häufig *Die sieben großen Religionen der Welt* und *Forgotten Truth*.

So lautet also meine Antwort auf die vierte Frage:

> Ich bin ein Abbild des Göttlichen.
> Ich bin Gott in menschlicher Gestalt.
> So wie wir alle.

Wie lautet Ihre Antwort?

Zu guter Letzt:
Eine einfache Erklärung für alles

In diesem Buch wurde vieles gesagt. Ich hoffe, es hilft Ihnen weiter. Sie hätten ein Buch mit diesem Titel sicher nicht aufgeschlagen, wenn Sie nicht dabei wären, in Ihrem Leben möglichst viele Gelegenheiten zu schaffen, die Sie in Ihrer Suche voranbringen.

Ich muss Ihnen gar nicht sagen, von welcher Suche ich spreche. Sie wissen genau, was ich meine.

Wenn *Gottes Botschaft an die Welt* Ihnen bei dieser Suche half, indem es Sie näher zu Ihrer eigenen Wahrheit führte, hat es seine Aufgabe erfüllt. Selbst wenn Ihre Wahrheit in diametralem Gegensatz zum Inhalt dieses Buches steht, war seine Mission erfolgreich. Denn sein Zweck besteht nicht darin, Sie von irgendetwas zu überzeugen, sondern Ihnen einige Ideen nahezubringen, die Aufmerksamkeit verdienen.

Ich bitte Sie nun um die Erlaubnis, diesen Text mit einer Zusammenfassung des ganzen Buches in fünfunddreißig Sätzen zu beschließen. Die Höflichkeit erfordert es, Sie um Ihr Einverständnis zu bitten, denn ich muss erneut ein Werkzeug benutzen, von dem ich schon reichlich Gebrauch gemacht habe: die Wiederholung.

Wie ich ganz zu Anfang sagte, hält unsere alte überlieferte Geschichte sich so hartnäckig, weil ihre Verkünder keine Hemmungen haben, sie andauernd zu wiederholen.

Dieses Buch rät mit rund 52.000 auf 28 Kapitel verteilten Wörtern dazu, dass wir eine neue kulturelle Geschichte schreiben, die die alte ersetzt und eine neue Art des Menschseins erschafft, die sich von der bisherigen deutlich unterscheidet und neue, andere Lebenserfahrungen ermöglicht.

Hier also nun die einfache, unmissverständliche Botschaft, auf die die gesamte Menschheit wartet – eine klare, schlüssige Erklärung für die gesamte menschliche Seinserfahrung:

Die göttliche Bestimmung des Lebens besteht darin, dass es vom Göttlichen dazu genutzt wird, Göttlichkeit zum Ausdruck zu bringen, damit das Göttliche seine Göttlichkeit in all ihren Aspekten erleben kann. Kurz gesagt, Gott nutzt das Leben, um sich selbst zu erfahren.

Göttlichkeit lässt sich nur erleben, wenn sie zum Ausdruck gebracht wird. Man kann sich Göttlichkeit vorstellen, darüber nachdenken, die Seele kann sich ihrer bewusst sein, aber solange sie nicht zum Ausdruck gebracht wird, ist sie nur eine Idee. Wenn sie nicht zum Ausdruck gebracht wird, kann sie nicht erlebt werden. Die Seele weiß: Solange Sie Göttlichkeit nicht zum Ausdruck bringen, können Sie sie nicht erleben.

Sie können über die Liebe reden, Sie können sich Liebe vorstellen, können sich ein gedankliches Konzept von ihr machen, aber solange Sie sie nicht zum Ausdruck bringen, können Sie sie nicht erleben.

Sie können über Mitgefühl reden, Sie können sich Mitgefühl vorstellen, können sich ein gedankliches Konzept davon machen, aber solange Sie es nicht zum Ausdruck bringen, können Sie es nicht erleben.

Zu guter Letzt: Eine einfache Erklärung für alles

Sie können über Verständnis reden, Sie können sich Verständnis vorstellen, können sich ein gedankliches Konzept davon machen, aber solange Sie es nicht zum Ausdruck bringen, können Sie es nicht erleben.

Göttlichkeit ist das alles und noch viel mehr. Sie ist Geduld und Freundlichkeit, Güte und Barmherzigkeit, Akzeptanz und Nachsicht, Weisheit und Klarheit, Sanftheit und Schönheit, Selbstlosigkeit und Edelmut, Wohlwollen und Großzügigkeit. Und ja – sogar noch viel mehr als all das.

Sie können sich diese Eigenschaften vorstellen, sich ein gedankliches Konzept von ihnen machen, aber solange Sie sie nicht in Ihnen, durch Sie und als Sie zum Ausdruck bringen, erleben Sie Göttlichkeit nicht.

Und Sie können diese Dinge nur erleben, wenn das Leben Ihnen Gelegenheit dazu gibt. Und genau das tut das Leben jeden Tag. Tatsächlich ist das der Sinn des Lebens.

Wenn das Leben Sie also mit Herausforderungen, Problemen und einzigartigen Situationen und Umständen konfrontiert, die sich ideal dafür eignen, das Beste in Ihnen zum Vorschein zu bringen, »verurteilen und verdammen« Sie nicht, sondern seien Sie ein Licht in der Dunkelheit, sodass Sie erkennen, wer Sie in Wahrheit sind – womit Sie allen, deren Leben Sie berühren, durch Ihr leuchtendes Beispiel dabei helfen, ebenfalls ihr eigenes wahres Sein zu erkennen.

Die Idee, dass »Gott das Leben nutzt, um sein göttliches Selbst zu erkennen«, ist nicht neu, doch sicher möchten Sie gerne mehr darüber erfahren, *warum* Gott das tut. Hier folgt die Erklärung:

Gott kann alles, was Gott ist, nicht ausschließlich in der spirituellen Dimension erfahren, weil es in dieser Dimension nichts gibt, was Gott nicht ist. Das Spirituelle ist jener Bereich, wo Gott alles ist, was existiert, wo es nur Liebe und Vollkommenheit gibt. Es ist ein wunderbarer Ort, weil es dort nichts außer Göttlichkeit gibt. Es ist, kurz gesagt, das, was Sie den Himmel nennen würden.

Dennoch gilt dort: Es gibt nichts, was Gott nicht ist. Und in Abwesenheit dessen, was Gott nicht ist, kann das, was Gott ist ... nicht erfahren und erlebt werden.

Das trifft auch auf Sie zu. Das, was Sie sind, können Sie nur in Gegenwart von dem erfahren, was Sie nicht sind. Jede Eigenschaft kann nur in einem Kontext erlebt werden, der auch ihr Gegenteil mit einschließt.

Licht lässt sich ohne Dunkelheit nicht erleben. »Oben« ist nur erlebbar, wenn es auch ein »Unten« gibt. »Schnell« gewinnt erst dann eine Bedeutung, wenn es auch »langsam« gibt. Nur in Gegenwart von »Kleinem« kann »Großes« erlebt werden. Wir können sagen, dass etwas »groß« ist, wir können uns vorstellen, dass etwas »groß« ist, aber ohne die Anwesenheit von etwas »Kleinem« können wir die Eigenschaft »groß« nicht erfahren.

Ebenso lässt sich »Unendlichkeit« nicht erleben, wenn es nichts »Endliches« gibt. Theologisch ausgedrückt können wir zwar eine Vorstellung von »Göttlichkeit« entwickeln, wir können sie aber nicht als erfahrbare Wirklichkeit erleben.

Daher sind alle Menschen und Ereignisse in Ihrem Leben – heute oder in der Vergangenheit –, die in »Konflikt« zu Ihnen und den von Ihnen bevorzugten Erfahrungen zu stehen scheinen, Geschenke der höchsten Quelle. Sie wurden für Sie erschaffen und durch die Zusammenarbeit mitschöpferischer Seelen zu Ihnen gebracht, damit Sie ein Kontextfeld vorfinden, in dem Sie Ihr wahres Sein auf bestmögliche Weise erleben und erfahren können.

Oder wie es in *Gespräche mit Gott* so wundervoll ausgedrückt wurde: »Ich habe euch ausschließlich Engel geschickt.«

Nun folgt ein Satz, den Sie sich einprägen sollten. Wie Ihnen in diesem Buch mehrfach gesagt wurde, hat Ihre ewige heilige Reise eine Bestimmung. Diese Bestimmung wurde von Gott selbst festgelegt.

*Die göttliche Bestimmung besteht darin,
die Realität Gottes zu erweitern.*

Em Claire gelingt es in ihrem Gedicht *Was wurde dir geschenkt?*, diese Idee für uns herauszukristallisieren:

Was wurde dir geschenkt?
Durch den Verlust, meine ich.
Nachdem
dir das genommen wurde,
ohne das du nie hättest leben können:
Mensch,
Ort,
Geheimnis oder Situation.
Jetzt, da es fort ist
und du es nicht länger dein Fundament nennen kannst –

was wurde dir geschenkt?

Gottes Botschaft an die Welt

Du weißt, und ich weiß, dieses:
Es findet eine innere Weitung statt.
Etwas kommt und öffnet dich

reißt dich auf
bis in
dein Zentrum

Und von diesem Augenblick an
bist du nicht länger immun gegen diese Welt.

Du wachst, du wanderst –
alles Vertraute ist jetzt fremd.
Du gehst wie durch Wasser,
bist du es endlich wieder zurück in dein Bett schaffst,
und selbst dort, deine Decke,
der Geruch deines eigenen Kissens – anders,
als würde täglich jemand dein Zimmer neu streichen,
Dinge verrücken,
eine geliebte Erinnerung stören.

Siehst du: Manchmal werden wir entleert.

Wir werden entleert, weil das Leben
uns zeigen will:

Es gibt
noch viel mehr

Licht.

Zu guter Letzt: Eine einfache Erklärung für alles

Einfach ausgedrückt *wächst Gott* – wird mehr er selbst – durch jenen Prozess, den man Leben nennt. Gott IST dieser Prozess. Gott ist beides, der Prozess und das Leben selbst ... und die Resultate. Daher ist Gott der Schöpfer und das Geschaffene. Das Alpha und das Omega. Der Anfang und das Ende. Der unbewegte Beweger. Der unbeobachtete Beobachter.

Nicht so einfach ausgedrückt, kann Gott gar nicht »wachsen«, weil alles, was Gott je war, ist oder sein wird, JETZT existiert. Es gibt keine Zeit und keinen Raum. Es gibt also keine Zeit, in der Gott wachsen könnte, und keinen Raum, in den Gott hineinwachsen könnte. Der Kreislauf des Lebens findet überall gleichzeitig statt.

Das, was der menschliche Geist »Wachstum« nennen möchte, ist jener Prozess, bei dem individualisierte Ausdrucksformen des Göttlichen mehr und mehr von dem erfahren und erleben, was Gott bereits über sich weiß. Aber selbst das würde noch das Empfinden oder den Zustand erforderlich machen, den wir »Zeit« nennen ... es sei denn, alle Inhalte des Lebens wären, in der Höchsten Wirklichkeit, an einem einzigen Ort präsent – wobei, wie bei einem Kinofilm auf einer DVD, die Geschichte zwar in ihrer Gesamtheit jetzt existiert, wir aber die *Entfaltung* der Geschichte erleben, weil wir den Film auf eine bestimmte Weise betrachten. Dieser Vorgang, bei dem Gott seine einzelnen Teile Stück für Stück das Ganze erleben lässt, ist, vereinfachend, Evolution genannt worden.

Diese Vorgänge lassen sich einfach oder auch vollständig in menschlichen Begriffen nicht erklären. Keine endliche

Lebensform kann, eben gerade aufgrund ihrer Endlichkeit, das unendliche Bewusstsein und den Erfahrungsraum des Ganzen erfassen. Doch wurde jede individualisierte Form in einzigartiger Weise dafür erschaffen, einen bestimmten Aspekt des Göttlichen widerzuspiegeln, wobei die Ganzheit Unterteilungen bildet (wohlgemerkt keine voneinander getrennten Teile) und sich so in kleinerer und begrenzter Form wiedererschafft.

Werden alle diese Aspekte wieder zusammengesetzt wie die Teile eines Puzzles, entsteht ein Bild von dem, was alle Teile gemeinsam erschaffen, nämlich *Gott*.

Alle einzelnen Teile gehören zum Gesamtbild, und kein Teil ist für das Gesamtbild weniger wichtig als die anderen.

Nun wurden manche Lebensformen mit einem Niveau an wesenhafter Essenz (der Rohenergie, aus der alles hervorgeht) ausgestattet, das so hoch ist, dass die Essenz sich ihrer selbst bewusst werden kann. Diese bei bestimmten Lebewesen anzutreffende Fähigkeit nennt man Selbst-Bewusstheit.

Die Menschen (und es gibt gute Gründe anzunehmen auch andere Lebensformen im Universum) wurden so geschaffen, dass das möglich ist, was wir »Erweiterung« von Bewusstsein und Erfahrung nennen.

Tatsächlich kann sich das menschliche Bewusstsein bis zu einem Grad erweitern, wo es sich wieder als Teil des Ganzen erkennt. Zum Beispiel sagte Jesus: »Ich und der Vater sind eins.« Er verstand seine Beziehung zu Gott vollkommen. Er verstand, dass das Bild, das die zusammengesetzten Puzzleteile ergaben, ohne ihn selbst unvollständig war. Er war die Vollendung. So wie wir alle.

Nimmt man auch nur ein Teil weg, ist das Puzzle nicht mehr vollständig. Völlige Selbst-Bewusstheit entwickelt sich durch einen Prozess, bei dem der individualisierte Aspekt nicht wirklich wächst, sondern sich einfach mehr und mehr bewusst wird, dass er gar nicht wachsen muss, sondern selbst das Göttliche ist, in individualisierter Gestalt. Das einzelne Teil erkennt sich als das Puzzle.

Der spektakuläre physiologische, psychologische sowie theologische Übergang in diese höhere Ebene der Selbst-Bewusstheit ereignet sich bei jeder denkenden, fühlenden Spezies im Kosmos nur einmal – und genau das geschieht gerade mit der Menschheit.

Ist das hier wirklich eine Botschaft Gottes?

So wie alles im Leben eine Botschaft des Göttlichen ist (und vieles ist ja von vielen Leuten schon als solche bezeichnet worden), gilt das auch für die Ideen in diesem Buch. Sie haben diese Botschaft selbst in Ihr Leben geholt, so wie Sie auch alles andere magnetisiert und in Ihren Erfahrungsraum gezogen haben, und zwar stets mit dem gleichen Zweck: Ihre individuelle Evolution.

Gott hat die Botschaften, die Sie hier in diesem Buch finden, auch zuvor schon der Welt übermittelt. Viele, viele Male wurden sie ausgesandt. Während aller Epochen der Menschheitsgeschichte wurden sie verbreitet, unzählige Menschen haben darüber gesprochen und geschrieben.

Aber heute ist die Zeit individueller Boten und Lehrer vorüber. Wir sind an einem Augenblick unserer Entwicklung angelangt, wo die kumulative Botschaft der gesamten Menschheit ihre volle kumulative Wirkung entfaltet. Denn heute sind wir zum ersten Mal in der Geschichte unserer Spezies in der Lage, *alle unmittelbar miteinander zu kommunizieren.*

Das Internet bewirkt heute für die Menschheit das, was im Jahr 1440 Gutenbergs Druckerpresse bewirkte. Dieses neue Druckverfahren revolutionierte damals nicht nur die Buchherstellung, sondern beschleunigte die Evolution unserer ganzen Spezies um das Dreifache, weil es möglich wurde, Wissen und Weisheit zu verbreiten, indem man Texte – und die in ihnen enthaltenen Informationen – einer großen Öffentlichkeit zugänglich machte.

Dann, als wir in der Mitte des 20. Jahrhunderts glaubten, den Höhepunkt der Informationsverbreitung erreicht zu haben, kam das Internet, und seine Wirkung ist so bahnbrechend wie die Einführung der Druckerpresse vor fünfhundert Jahren, nur dass dieses Mal die menschliche Evolution gleich um das *Fünffache* beschleunigt wird!

Und so, wie man versucht hat, durch Bücherverbote der Masse bestimmte Ideen vorzuenthalten (eine Praxis, die immer noch angewendet wird), gibt es heute in manchen Ländern enorme Anstrengungen, um bestimmte Webseiten zu verbieten oder, in noch sehr viel mehr Staaten, den Zugang zum Internet zu erschweren. Alles geschieht mit dem gleichen Ziel: Die Verbreitung bestimmter Ideen – von denen die Mächtigen nicht wollen, dass sie allgemein bekannt werden – soll erschwert oder ganz unterbunden werden.

Doch lässt sich das Voranschreiten der Evolution nicht aufhalten, höchstens leicht verlangsamen – und der Tag wird kommen, an dem die revolutionären Ideen über Gott so große Verbreitung finden, dass eine ganz neue kulturelle Geschichte für die Menschheit entsteht.

~

Es wird der Tag kommen, an dem wir uns fragen werden, wie wir jemals auf die Idee verfallen konnten, dass Gott bestimmte Menschen »auserwählt« habe, die besser seien als die anderen, dass Männer besser als Frauen seien, Weiße besser als Schwarze, Heterosexuelle besser als Schwule – oder dass im Geist Gottes überhaupt die Vorstellung existiere, manche Menschen seien »besser« als andere.

Damit dieser Tag möglichst bald kommt, müssen wir bei der Lösung der Menschheitsprobleme andere Schwerpunkte setzen.

Aus Fairness gegenüber unserer Spezies muss man sagen: Es ist nicht so, dass wir es nicht immer wieder versucht hätten. Doch, das haben wir. Aber die Schwierigkeit – der Grund dafür, dass Milliarden Menschen immer noch in bitterer Armut leben, ohne Elektrizität und menschenwürdige Sanitäranlagen – besteht darin, dass die Menschheit jahrhundertelang versucht hat, *ihre Probleme auf allen möglichen Ebenen zu lösen, nur nicht auf der Ebene, auf der die Probleme existieren.*

Und so geschieht es bis heute.

Wir gehen unsere Probleme an, als handele es sich um politische Probleme, für die es politische Lösungen gibt. Wir reden über sie, führen Debatten über sie, verabschieden Resolutionen zu ihrer Beseitigung.

Wenn sich trotzdem nichts ändert, versuchen wir unsere Probleme durch ökonomische Maßnahmen zu lösen. Wir versuchen, sie mit Geld aus der Welt zu schaffen, oder indem wir Gelder vorenthalten, wie es beispielsweise bei Wirtschaftssanktionen der Fall ist.

Wenn das nicht gelingt, sagen wir: »Aha! Das Problem kann nur mit militärischen Mitteln gelöst werden. Also wenden wir Gewalt an.« Dann schießen wir auf das Problem oder werfen Bomben darauf. Doch damit lässt sich auch keine dauerhafte Lösung herbeiführen. Aber denken Sie etwa, wir würden daraus lernen?

Nein. Stattdessen beginnen wir den Zyklus wieder von vorn. Wir treffen uns zu »Friedensgesprächen« und kehren an den Verhandlungstisch zurück. Dort verhandeln wir über Reparationsleistungen und Finanzhilfen, um die offenen Wunden zu heilen und die Gemüter der Massen zu beruhigen. Und wenn sich auch das nicht als Dauerlösung erweist, geht es wieder los: Her mit den Kanonen. Her mit den Leichensäcken.

Dass wir in diesem Hamsterrad immer weitermachen, liegt daran, dass niemand wagt, die *Ursache* für diesen anscheinend unheilbaren Dauerzustand anzuschauen.

Entweder wissen wir es wirklich nicht, oder wir wollen nur nicht zugeben, dass unser größtes heutiges Problem kein politisches Problem ist. Es ist kein ökonomisches Problem und auch kein militärisches Problem.

Das Problem, dem sich die Menschheit heute stellen muss, ist ein spirituelles Problem. Es hat damit zu tun, woran die Menschheit *glaubt*.

Wenn wir das einmal begriffen haben, offenbart sich die Lösung. Doch solange wir es nicht begreifen, sind alle blind für die Lösung.

~

Ich beobachte immer wieder, dass die Menschen ihr Leben auf zwei Reaktionen aufbauen: denken und handeln. Sie denken über die Dinge nach, und dann tun sie etwas, denken nach und tun etwas, denken nach und tun etwas. *Und was sie tun, hängt davon ab, was sie denken.*

Das mag Ihnen absurd offensichtlich erscheinen, doch es muss dennoch hier angesprochen werden, denn fast alle Nichtregierungsorganisationen ebenso wie alle staatlichen Einrichtungen bemühen sich, unsere Welt dadurch zu verbessern, dass sie das *Tun* der Menschen verändern, statt ihr *Denken* zu verändern.

Doch das, was die Leute *glauben*, erzeugt ihr Verhalten. Wir haben das hier immer wieder angesprochen, und man kann es auch gar nicht oft genug sagen. Am tiefgreifendsten lässt sich die Erfahrung der Menschheit auf der Ebene des Denkens und Glaubens verändern, nicht auf der Ebene des Verhaltens.

Jahrzehntelang wurde in psychologischen Zirkeln über *Verhaltensänderung* diskutiert. Doch worüber wir wirklich sprechen sollten, ist nicht unser »Verhaltens-Modus«, sondern unser »Glaubens-Modus«. Allerdings geht es dabei um das, was die meisten Leute als den heiligsten Teil ihres inneren Fundaments empfinden. Viele Menschen sind eher bereit, für ihre Glaubensüberzeugungen zu sterben – oder zu töten –, als sie zu verändern.

Dabei spielt es keine Rolle, ob diese Glaubensüberzeugungen funktionieren. Es spielt keine Rolle, ob sie die Menschen glücklich machen und ihnen zu einem besseren Leben verhelfen. Manche Leute handeln lieber unglücklich gemäß ihrem Glauben, anstatt glücklich etwas anderes zu tun.

Das ist der Kern des Problems. Darauf muss die Menschheitsfamilie heute ihre ganze Aufmerksamkeit richten. Wenn wir wirklich unsere Lebensumstände verändern und, wie es Robert Kennedy so wundervoll ausdrückte, eine neuere Welt suchen wollen, müssen wir genau dort ansetzen.

Denken Sie doch einmal über das folgende, abschließende Zitat aus *Neue Offenbarungen* nach:

Jegliches Verhalten beruht auf Glaubensüberzeugungen.

Dauerhafte Verhaltensänderungen lassen sich nicht herbeiführen, wenn ihr euch nicht mit den Glaubensüberzeugungen auseinandersetzt, die ihnen zugrundeliegen.

Eure Welt steht gegenwärtig vor gewaltigen Problemen, und ihr könnt diese Probleme nur auf der Ebene eurer Glaubensvorstellungen lösen. Auf der Verhaltensebene lassen sie sich nicht lösen.

Bemüht euch darum, die Überzeugungen zu ändern, nicht das Verhalten.

Wenn ihr eine Überzeugung verändert habt, wandelt sich das Verhalten von allein.

Aber wir sind eine sehr handlungsorientierte Gesellschaft. Besonders die westliche Welt hat ihre Lösungen immer im Tun gefunden, nicht in stiller Kontemplation oder Philosophie.

Was ihr auch unternehmen mögt, um das Verhalten eines anderen Menschen zu ändern oder zu unterbinden, ihr werdet nichts ändern, solange ihr nicht die Glaubensüberzeugungen verändert, die dieses Verhalten auslösen. Ihr könnt eine Überzeugung auf zwei Arten ändern. Entweder ihr erweitert sie, oder ihr ändert sie komplett. Aber ihr müsst das eine oder das andere tun, sonst wird sich das Verhalten nicht ändern. Ihr unterbrecht es dann nur.

Mit anderen Worten, das Verhalten wird wiederkehren.

Steht das denn irgendwie infrage? Siehst du nicht, wie sich eure Geschichte ständig wiederholt?

Ja, das sehe ich. Und es ist frustrierend.

Eure Spezies wiederholt immer wieder das gleiche Verhalten, weil ihr eure Grundüberzeugungen – Gott und das Leben betreffend – nicht ändert, und zwar schon seit Jahrtausenden.

In praktisch jeder Schule und fast jeder Kultur auf eurem Planeten werden Glaubensüberzeugungen in dieser und jener Form gelehrt. Oft präsentiert ihr sie als »Tatsachen«, aber es sind trotzdem nur Überzeugungen, Vorstellungen.

Das wäre ja nicht so schlimm und würde nicht zu so furchtbaren Resultaten führen, wenn ihr glauben würdet und lehren würdet, was wirklich so ist. Aber ihr glaubt und lehrt Dinge, die nicht wahr sind. Ihr bringt euren Kindern angebliche »Wahrheiten« bei, die gar keine sind.

Größtenteils geschieht das nicht absichtlich. Ihr wisst gar nicht, dass es sich um Unwahrheiten handelt. Schließlich ist es ja das, was auch euch beigebracht wurde. Auf diese Weise »suchen die Sünden der Väter die Söhne heim, bis in die siebente Generation«.

In manchen Schulen – vor allem konfessionellen Schulen, wo die Kinder von Anfang an dazu ermuntert werden, das Leben durch das Prisma bestimmter religiöser Doktrinen und kultureller Vorurteile zu betrachten – werden unglaublich negative Verhaltensweisen herangezüchtet, in denen sich völlig irregeleitete Glaubensvorstellungen widerspiegeln.

Ihr bringt euren Kindern bei, an einen intoleranten Gott zu glauben, wodurch dann ihr eigenes intolerantes Verhalten gerechtfertigt erscheint.

Ihr bringt euren Kindern bei, an einen zornigen Gott zu glauben, wodurch dann ihr eigener Zorn und das dementsprechende Verhalten gerechtfertigt erscheinen.

Ihr bringt euren Kindern bei, an einen rachsüchtigen Gott zu glauben, wodurch dann ihr eigenes rachsüchtiges Verhalten gerechtfertigt erscheint.

Dann schickt ihr diese eure Kinder in den Kampf gegen jene Dämonen, die ihr selbst erschaffen habt. Es ist kein Zufall, dass in allen radikalen Bewegungen die jungen Menschen die größte Zahl »Krieger« stellen.

Wenn ihr eure Jüngsten von den Religionsschulen oder Militärakademien direkt zu euren Kampftruppen schickt und ihnen versprecht, sie würden für eine »gerechte Sache« oder ein »höheres Ziel« kämpfen, oder dass Gott auf ihrer Seite ist, was sollen sie dann denken?

Sollen sie den Älteren, sollen sie ihren Lehrern, Priestern, Ulamas widersprechen?

Gebt acht, dass eure Kinder nicht euer Untergang werden.

Ist das hier wirklich eine Botschaft Gottes?

Damit liegt die zentrale Herausforderung unserer Zeit klar vor uns: die Menschheit dazu einladen, zu ermutigen, zu veranlassen, die Möglichkeit in Betracht zu ziehen – einfach nur in Betracht zu ziehen –, dass es an Gott etwas geben könnte, das wir noch nicht richtig verstehen und durch das sich alles verändern würde, wenn wir es verstehen.

Was unsere Welt heute braucht, ist eine Bürgerrechtsbewegung für die Seele, die die Menschheit von der Last des Glaubens an einen gewalttätigen, zornigen und rachsüchtigen Gott befreit.

Gemeinsam mit Menschen aus aller Welt, die mit dieser Sicht der Dinge übereinstimmen, habe ich das Humanity's Team gegründet (*www.HumanitysTeam.org*). Mit dieser weltweiten Organisation wollen wir eine Evolutions-Revolution entfachen.

Ich lade Sie alle dazu ein, sich an diesem Projekt zu beteiligen, denn die Verbesserung der Lebenssituation der Menschen durch die Evolution der Menschheit ist keine Aufgabe, die ohne Sie bewältigt werden kann. Darum sind Sie herzlich eingeladen – nein, ich appelliere dringend an Sie –, sich aktiv zu beteiligen.

Die große Traurigkeit liegt in unserer Annahme, nichts an dieser Situation ändern zu können. Das große Glück ist, dass wir sie in Wahrheit sehr wohl ändern können! Dazu braucht es nur einen Wandel unseres Bewusstseins – und der ist leichter herbeizuführen, als die meisten Leute glauben.

Jede Veränderung des Bewusstseins wird durch Menschen erzeugt, die ihr eigenes Bewusstsein bereits verändert haben und dann aktiv, freudig und ansteckend mit anderen über ihre Ideen sprechen und ihnen die Möglichkeiten beschreiben, die sich durch eine neue kulturelle Geschichte für die Menschheit auftun.

In *Der Sturm vor der Ruhe* zitierte ich eine brillante Beobachtung von Margaret J. Wheatley, Autorin des Buches *Turning to One Another: Simple Conversations to Restore Hope to the Future*. Wheatley ist eine weltbekannte Unternehmensberaterin, hat in Harvard promoviert, besitzt einen Abschluss in Systemdenken der New York University und hat überall auf der Welt die unterschiedlichsten Organisationen beraten. Sie sagt:

»Gespräche sind der wirkungsvollste Weg, tief greifende soziale Veränderungen herbeizuführen.«

Sie sehen also, es gibt etwas, das Sie tun können. Dafür müssen Sie nicht Ihr ganzes Leben auf den Kopf stellen oder monatlich Hunderte Stunden ehrenamtlicher Arbeit investieren, die Sie nicht erübrigen können. Sie müssen nur bereit sein, offen mit anderen über diese Dinge zu sprechen. Sprechen Sie laut aus, was Ihr Herz Ihnen sagt.

Das können Sie tun, indem Sie überall, wo interessierte Menschen zusammenkommen, das Thema zur Sprache bringen. Oder Sie organisieren selbst solche Begegnungen, indem Sie beispielsweise in Ihrer Stadt einen Gesprächskreis gründen. Wenn Sie besonders kühn sind, bitten Sie den Pfarrer Ihrer örtlichen Kirchengemeinde, in deren Räumen zu einem solchen Kreis einladen zu dürfen.

Ist das hier wirklich eine Botschaft Gottes?

Wenn Sie dadurch für Ihren Geschmack zu sehr »auffallen« würden, können Sie auch das werden, was ich »stille Aktivisten« nenne. Verleihen oder verschenken Sie dieses Buch an Verwandte und Freunde, und fragen Sie sie, was sie davon halten. Legen Sie Exemplare des Buches einfach an öffentlichen Orten aus. »Vergessen« Sie sie auf einer Parkbank, in der U-Bahn oder im Flugzeug, auf dem Lesetisch Ihres Friseurs oder in einem Café. Spenden Sie ein paar Bücher für einen Wohltätigkeitsbasar. Organisieren Sie mit Gleichgesinnten ein »Untergrund-Verteilungsnetzwerk«.

Wenn Sie der Ansicht sind, in der heutigen schnelllebigen Zeit, in der alle in Eile sind, sei es unpassend, Leute in ein Gespräch über die Ideen dieses Buches zu verwickeln, denken Sie einmal über das nach, was Margaret Wheatley 2002 in einem Artikel für den *Utne Reader* schrieb:

»Echte Gespräche sind ... ein zeitloser und verlässlicher Weg, wie Menschen gemeinsam denken können. Schon lange bevor es Klassenzimmer, Konferenzen und Seminare gab, haben die Menschen sich zusammengesetzt und miteinander geredet.

Ermutigend daran ist, dass wir alle wissen, wie man miteinander redet. Ermutigend ist auch die Tatsache, dass viele Menschen sich wieder nach Gesprächen sehnen. Wir hungern nach Gelegenheiten, miteinander ins Gespräch zu kommen. Die Leute möchten die eigenen Geschichten erzählen und sind bereit, sich Ihre anzuhören. Wir entdecken eine uralte Praxis neu, eine Art der Begegnung und des Austausches, den alle Menschen unmittelbar verstehen.«

Wheatleys Artikel endet mit einer beeindruckenden Schlussbemerkung:

»Veränderung wird nicht dadurch herbeigeführt, dass jemand sich hinstellt und einen Plan verkündet. Veränderung kommt tief aus dem Inneren eines Systems, wenn einige Leute erkennen, dass da etwas ist, das sie nicht länger zu tolerieren bereit sind, oder wenn jemand einen Traum zukünftiger Möglichkeiten hat und sie auf diesen Traum reagieren.«

Das beschreibt präzise, worum es bei der Evolutions-Revolution geht. Alle Menschen, die überall auf der Welt in kleinen Gruppen spiritueller Aktivisten zusammenkommen, sind aufgerufen, ein globales Gespräch in Gang zu setzen, das *Samen der Vernunft* aussät, damit unsere Zivilisation endlich *zivilisiert* wird.

Ich lade Sie ein, sich aktiv an dieser Arbeit zu beteiligen, denn die Evolution unserer geliebten Spezies wird nur voranschreiten, wenn Sie dieses Anliegen zu Ihrer eigenen Sache machen.

Ist das hier wirklich eine Botschaft Gottes?

Ich setze ganz auf Gott.
Ich weiß nicht, ob mein Gott
derselbe ist wie dein Gott.

Ist dein Gott aus Liebe gemacht?
Will dein Gott für dich, was du für dich willst?
Kommt dein Gott mit offenen Armen zu dir,
bittet um nichts, ist aber offen für alles?
Erzählt dein Gott dir flüsternd von Licht und
Stille und zeigt dir alle Pfade, die dich dorthin führen?
Erinnert dich dein Gott an dein Sehen, dein Wissen?
Erinnert dich dein Gott an den zärtlichsten Geliebten,
den du je erträumtest, Linderung und Süße
schenkend deinem ganzen Körper,
küsst dein Gott die Müdigkeit fort aus deinem Herzen?

Komm dein Gott je zu spät,
lässt dich je im Stich?
Ist dein Gott aus Liebe gemacht?

Ist dein Gott aus Liebe gemacht?
em claire
© 2014 Alle Rechte vorbehalten

Anmerkungen

Sämtliche Bibelzitate wurden in der Übersetzung übernommen aus: *Die Bibel*. Einheitsübersetzung. Katholisches Bibelwerk, Stuttgart, 1999.

S. 36: »Ich unterhalte mich gerne« – Dr. Bertrand Piccard, Interview im *Lufthansa Magazin*, 5/2014, in der Übersetzung von T. Görden.

S. 49: »Das Bemerkenswerte an Gott« – Oswald Chambers, *My Utmost For His Highest*, Dodd, Mead & Co., New York, 1935, in der Übersetzung von T. Görden. Deutsche Ausgabe: Oswald Chambers, *Mein Äußerstes für Sein Höchstes*. Blaukreuz, Lüdenscheid, 2009.

S. 49: »Wenn die Menschen« – Ray Comfort, *The Way of the Master*, Bridge-Logos Publ., Alachua, 2006, in der Übersetzung von T. Görden.

S. 60 f.: »Liebe ist die zentrale« – Ernest Holmes, *The Science of Mind*, R.M. McBride & Co, New York, 1922, nachgedruckt von Tarcher, Los Angeles, 2010, in der Übersetzung von T. Görden. Deutsche Ausgabe: Ernest Holmes, *Die Vollkommenheitslehre*, übersetzt von Hans Geisler, Iphigenia und Henry G. Alison, CSA 2009.

S. 98: »Nehmen wir an« – Robert Ornstein und Paul Ehrlich, *New World New Mind*. Doubleday, New York, 1988, in der Übersetzung von T. Görden.

S. 105 f.: »LANGE AUF SEE« – Em Claire, »Long At Sea« in *Home Remembers Me*. EmNin Books, Ashland, OR, 2013, in der Übersetzung von T. Görden.

S. 128 f.: »Der Viehzüchter Cliven Bundy« – Kevin Jenkins, »Bundy: Showdown with feds a spiritual battle« in *The Spectrum*, 12.08.2014, in der Übersetzung von T. Görden.

S. 135 f.: Eine deutsche Übersetzung der Rede von Papst Johannes Paul II. vom 28.07.1999 findet sich hier: *http://w2.vatican.va/content/john-paul-ii/de/audiences/1999/documents/hf_jp-ii_aud_28071999.html*

S. 136: »Mit Bestimmtheit kann ich« – Billy Graham, Interview in *Time*, 15.11.1993, in der Übersetzung von T. Görden.

S. 137: »Lass uns das unmissverständlich« – Neale Donald Walsch, *Home with God in a Life That Never Ends*. Atria Books, New York, 2007, in der Übersetzung von T. Görden. Deutsche Ausgabe: Neale Donald Walsch, *Zuhause in Gott – über das Leben nach dem Tode*, übersetzt von Susanne Kahn-Ackermann, Goldmann, München, 2009.

S. 200: Neale Donald Walsch, *Happier Than God*. Hampton Roads, Newburyport, MA, 2008. Deutsche Ausgabe: Neale Donald Walsch, *Glücklicher als Gott*. Kamphausen, Bielefeld, 2008.

S. 243 ff.: »Selbst wenn ich den ausgesprochen« – Neale Donald Walsch, *The New Revelations: A Conversation with God*. Atria Books, New York, 2004, in der Übersetzung von T. Görden. Deutsche Ausgabe: Neale Donald Walsch, *Neue*

Anmerkungen

Offenbarungen: Ein Gespräch mit Gott, übersetzt von Susanne Kahn-Ackermann, Goldmann, München, 2007.

S. 255 ff.: »These: Sie haben« – Neale Donald Walsch, *Der Sturm vor der Ruhe*, Allegria, Berlin, 2012.

S. 267 f.: »Was wurde dir geschenkt?« – Em Claire, »What Is It That You Were Given?«, 2007, in der Übersetzung von T. Görden.

S. 278 ff.: »Jegliches Verhalten beruht« – Neale Donald Walsch, *The New Revelations: A Conversation with God*, Atria Books, New York, 2004, in der Übersetzung von T. Görden. Deutsche Ausgabe: Neale Donald Walsch, *Neue Offenbarungen: Ein Gespräch mit Gott*, übersetzt von Susanne Kahn-Ackermann, Goldmann, München, 2007.

S. 282: »Gespräche sind der« – Margaret J. Wheatly, zitiert in Neale Donald Walsch, *Der Sturm der Ruhe*, Allegria, Berlin, 2012.

S. 283 f.: »Echte Gespräche sind … diesen Traum reagieren.« – Margaret J. Wheatley, »Some friends and I started talking …« in *Utne Reader*, Ausgabe Juli/August 2002, in der Übersetzung von T. Görden.

S. 285: »Ich setze ganz auf Gott« – Em Claire, »Is It Made of Love?«, 2014, in der Übersetzung von T. Görden.

Weiterführende Literatur

Wenn die Botschaft dieses Buches in Ihnen den Wunsch geweckt hat, jenseits unserer heutigen kulturellen Geschichte die Natur des Göttlichen weiter zu ergründen, gibt es ein Buch, das Sie ganz besonders anregend, wichtig und bahnbrechend finden werden. Ich habe in diesem Text mehr als einmal daraus zitiert. Es handelt sich um *Neue Offenbarungen: Ein Gespräch mit Gott*, den sechsten Band der Reihe *Gespräche mit Gott*.

Dieses Buch sollten Sie sich auf keinen Fall entgehen lassen. Und wenn Sie es schon gelesen haben, lesen Sie es noch einmal. Es wird Ihnen nun noch mehr sagen.

Ebenso werden Sie auch die folgenden Titel überaus nützlich finden. In diesen Büchern wird das Originalmaterial aus der Buchreihe *Gespräche mit Gott* beträchtlich erweitert und ergänzt:

Was wirklich wichtig ist
Der Sturm vor der Ruhe
Wenn alles sich verändert, verändere alles
Die Essenz

Wenn Sie auf interaktive Weise mit der Energie dieses Buches »in Kontakt« bleiben möchten, besuchen Sie *www.CWG-Connect.com*, wo eine wachsende weltweite Community gemeinsam erkundet, wie diese Botschaften sich im Alltag anwenden lassen – und Sie und ich können uns dort treffen und über alle Themen miteinander sprechen, die in diesem Buch behandelt werden.

Über den Autor

Neale Donald Walsch ist ein moderner Botschafter der Spiritualität, dessen Arbeit das Leben von Millionen Menschen berührt hat. Vor zwanzig Jahren hatte er ein Erlebnis mit der Gottesgegenwart und begann, Fragen an Gott auf einen gelben Notizblock zu schreiben. In einem Prozess, der, wie er sagt, genau wie ein Diktat stattfand, empfing er Antworten. Aus diesem Dialog entstanden die neun Bücher der Reihe *Gespräche mit Gott*, die in zahlreiche Sprachen übersetzt wurden. Inzwischen hat er neunundzwanzig Bücher über moderne Spiritualität geschrieben.

Wie Neale gegenüber seinen Leserinnen und Lesern und gegenüber den Medien – die seiner Erfahrung zu weltweiter Aufmerksamkeit verhalfen – immer wieder betont, haben alle Menschen ständig Gespräche mit Gott. Die Frage ist, so sagt er, nicht, zu wem Gott spricht, sondern wer zuhört.

Seine eigene Entscheidung, zuzuhören, hat, wie er berichtet, sein ganzes Leben verändert. Ursprünglich dienten seine Notizen zu seinen Fragen und den Antworten, die er empfing, nur als Erinnerungsstütze für ihn selbst. Erst später fühlte er sich dazu berufen, diese Worte der Welt zugänglich zu machen – als einer unter vielen, die sich im Lauf der Jahrhunderte nach Kräften bemüht haben, Gottes Botschaften zu hören und zu artikulieren. Neale weiß, dass alle Menschen diese Botschaften empfangen, und er lädt alle dazu ein, die göttlichen Botschaften miteinander zu teilen und sie so gut wie möglich in ihrem Leben umzusetzen. Er ist überzeugt, dass die Welt sich über Nacht wandeln würde, wenn wenigstens ein Teil der Weltbevölkerung sich für Gottes wichtigste Botschaft überhaupt öffnet: *Ihr habt mich nicht verstanden!*

Es ist Zeit aufzuwachen!

Neale Donald Walsch
Was wirklich wichtig ist
Neue Gespräche
mit der Menschheit

Warum beschäftigen sich 98% der Weltbevölkerung 98% ihrer Zeit mit unwichtigen Dingen, die weder ihr eigenes Leben noch das ihrer Mitmenschen verbessern?

In diesem Buch geht Bestsellerautor Walsch auf die Suche nach dem, was für uns Menschen wirklich wichtig ist. Er entdeckt überall auf der Welt einfache Lösungen, die uns und unserem Planeten helfen können. Aber er entdeckt auch überall die Blockaden, die uns von diesen Lösungen abhalten. Mit einer ebenso einfachen wie eleganten Formel zeigt Walsch, was wir erreichen können, wenn wir uns auf das konzentrieren, was unser Herz von uns verlangt.

256 Seiten
€ [D] 9,99 / € [A] 10,30 / sFr 13,90
ISBN: 978-3-548-74616-6
Auch als E-Book erhältlich.
www.allegria-verlag.de

Lassen Sie Ihre Wünsche wahr werden!

Pam Grout
E²+
Neue Beweise
zum Selbsttesten
Wie Ihre Gedanken
die Welt verändern

Entdecken Sie in E²+ eine ganz neue Ebene der wunderbaren Manifestationskräfte. In neun beeindruckend einfachen Experimenten zeigt Pam Grout, dass Wunder und Glück näher liegen als gedacht. Es geht darum, loszulassen, alte Denkmuster aufzugeben und sich voll und ganz dieser großartigen Energie Ihrer Gedanken anzuvertrauen.

Lassen Sie sich inspirieren und erkennen Sie, dass Sie die Fähigkeit besitzen, mit der enormen Kraft der Gedanken zu mehr Möglichkeiten, mehr Erfolg und mehr Lebensfreude zu gelangen.

288 Seiten
€ [D] 14,99 / € [A] 15,50 / sFr 20,90
ISBN: 978-3-7934-2283-9
Auch als E-Book erhältlich.
www.allegria-verlag.de

9 Experimente, die Ihr Leben verändern!

Pam Grout
E²
Wie Ihre Gedanken
die Welt verändern
Neun Beweise
zum Selbsttesten

224 Seiten
€ [D] 8,99 / € [A] 9,30 / sFr 12,50
ISBN: 978-3-548-74623-4
Auch als E-Book erhältlich.
www.allegria-verlag.de

Der Kurs im Wundern war der Anfang. The Secret erklärte einst die Zusammenhänge spiritueller Prinzipien. Pam Grout hingegen lässt uns diese Gesetze selbst und direkt erfahren. Dieses Buch tritt anhand von neun Experimenten den Beweis an, dass Wunder keine Frage des Glaubens sind, sondern von uns selbst erzeugt werden.

Ein Muss für jeden, der zweifelt, und für jeden, den die Neugier plagt: Dies ist die Chance, mit den spirituellen Gesetzmäßigkeiten die Probe aufs Exempel zu machen.

17 Thesen über Gott

1. Man muss Gott fürchten.
2. Vielleicht gibt es Gott gar nicht.
3. Gott existiert und ist ein übermenschliches männliches Wesen.
4. Gott verlangt Gehorsam.
5. Gott findet uns unvollkommen, aber unvollkommen dürfen wir nicht zu ihm zurückkehren.
6. Gott verlangt von uns, an ihn zu glauben und ihn auf eine bestimmte Art anzubeten.
7. Gott ist rachsüchtig, und Gottes Liebe kann sich in Zorn verwandeln.
8. Gott führte Krieg gegen den Teufel, und so hat das hier alles angefangen.
9. Gott legt fest, was richtig und was falsch ist.
10. Wir kommen nur in den Himmel, wenn Gott uns vergibt.
11. Gott hat etwas Bestimmtes mit uns vor.
12. Gott ist auf unserer Seite.
13. Gott liebt Selbstaufopferung, langes (vorzugsweise stumm ertragenes) Leiden und Märtyrertum.
14. Manchmal erhört Gott unsere Gebete und manchmal nicht.
15. Am Jüngsten Tag wird Gott uns belohnen oder bestrafen.
16. Gott möchte, dass wir in den Himmel zurückkehren.
17. Gott existiert getrennt von uns.

Nicht eine dieser Thesen ist wahr.